内藤雄士のシンプルゴルフ

論理が
わかれば
ゴルフは
やさしい

"The Simple Golf "It's easy to play golf on the logical method

内藤雄士 著

日本経済新聞社

内藤雄士のシンプルゴルフ

論理が
わかれば
ゴルフは
やさしい

"The Simple Golf "It's easy to play golf on the logical method

内藤雄士 著

日本経済新聞社

はじめに

ツアープロコーチの仕事――ゴルファーと夢を共有する喜び

タイガー・ウッズが練習場でドライバーを打ち、すぐ後ろに立っているコーチのブッチ・ハーモンが何かアドバイスを授けている。アーニー・エルスはアプローチの調整に余念がない。フィル・ミケルソンはパッティンググリーンでストロークを確認中。セルヒオ・ガルシアも練習している――。

二〇〇一年から丸山茂樹プロのコーチをするようになり、米ツアーの会場でこのような情景を見ることが当たり前となりました。二十歳のときにゴルフスイングの勉強を始めた私にとって、最高の研究対象である丸山プロが横におり、ずっと勉強の題材としてきた一流選手たちがすぐ目の前にいることに興奮を感じます。彼らと直接話をすることによって、スイングに対するより深い知識が得られるようになりました。著名な他のツアープロコーチが私を丸山プロのコーチとして対応してくれます。若いころから趣味的にロープの外からビデオに撮っていた世界に今、私自身がいることに不思議さを覚えます。

子供時代からゴルフは大好きです。しかし、試合に勝つことを目標として熱心に練習するタイプではありませんでした。ゴルフスイングを研究し、解析することに多くの関心を持ってきました。自分自身で結果を出すことより、他人のスイング作りに協力して感謝されるほうが幸せを感じますし、性に合っています。私のアドバイスが他の人によってコース上で実現される瞬間が無上の喜びなのです。

二年間、米国のゴルフアカデミーなどで歴代の名手たちのビデオを見比べ、新しいスイング理論や練習メソッドを学んで、コーチとしての修業を積みました。帰国後も定期的に米国を訪れ、最新の理論から遅れないように努めてきたつもりです。日本ではツアープロを指導するコーチが登場して五、六年しかたっていません。まだ確立されたとはいえない分野で、レッスン会や講演会でつけられる私の肩書も、ツアープロコーチのほかにティーチングコーチ、プロコーチ、ティーチングプロなどと様々です。

日大ゴルフ部で同期だった丸山プロが世界をフィールドにして戦うようになり、彼のコーチである私にも活躍の場と感動の機会を与えてくれています。彼は二〇〇一、二年と連続して米ツアーで優勝し、二〇〇二年十二月には伊沢利光プロとタッグを組み、世界選手権シリーズの国別対抗戦、ＥＭＣワールドカップ（メキシコ）で日本に四十五年ぶりの世界一をもたらしました。二〇〇一、二年の賞金ランクも37、16位と来て、二〇〇三年以降はさらに上のポジションを目指しています。彼のコーチをするようになって、私の視野が広がり、目的意識が高まったのは確かです。

ツアープロコーチの仕事は楽ではありません。私は丸山プロ以外に、日本でも数多くの選手とコーチ契約を結んでいます。毎日が試合会場の旅先です。選手の早朝の練習をチェックし、試合中はラウンドについて歩いて実戦でのスイングの状態を把握し、プレー後はまた練習に付き合う。夜は夜でスイングをビデオでチェックしたり、翌日の練習方法を検討したりします。しかも失敗が許されない真剣勝負の日々です。間違えた指導をすれば、その選手の一生を台無しにしかねません。ゴルフ界の至宝を私の指導ミスで潰してしまっては、取り返しのつかない事態となります。毎日がそんな恐怖や不安との戦いでもあります。

私のツアープロコーチとしての生活の中で大きな転機となったのは、小達敏昭プロとの共同作業です。一九九九年から私のところに来始め、長年苦しんだアプローチイップスを解消して、二〇〇一年のＪＣＢクラシック仙台で優勝しました。小達プロには、「内藤は素晴らしいコーチの腕を持っている」と過大に評価してもらい、私の存在を広めてくれました。プロ仲間から慕われている小達プロが私のコーチとしての能力を認知・喧伝してくれたことが、その後、丸山プロがスイング改造のサポート役として私を選ぶことにつながりました。

コーチ契約をしているプロ以外からも頼まれてスイングを見たり、アドバイスすることが少なくありません。正直にいってツアープロになるほどの選手は、気難しい部分を少なからず持っています。さらに、戦いの場特有の張りつめた空気の中で気持ちもピリピリしています。実際問題、プロと付き合うのは非常に根気がいるし、我慢強く、精神的にタフでなければなりません。何度ツアープロコーチを辞め、アマチュアだけを相手にしようかと思ったかわかりません。

けれども、優勝したときの選手の喜ぶ顔を見たり、選手本人から感謝されると、ツアープロコーチとして何物にも代え難い満足感を得ることができます。幸いにして二〇〇二年末の日本ゴルフツアー機構（ＪＧＴＯ）の選手表彰式で、私は「ベストサポート賞」なるものをいただきました。これは選手の方の推薦で選ばれる賞で、コーチとして努力してきたことがわずかながらも認められた証しとして感激しています。また、その年に最も活躍したティーチングプロに与えられる「ゴルフダイジェストアワード二〇〇三　レッスン・オブ・ザ・イヤー」にも選ばれました。

ツアープロだけに教えることが私の望みではありません。まだシード権を持っていない若いプロを指導することも面白いし、プロを目指す研修生を教えることも楽しいのです。トップアマや初心者をレッスンすることも大好きです。それぞれが私にとって興味のある対象であり、私を夢中にさせる仕事です。それらは別々の喜びであり、私の中で比較したり、重要度の順位をつけたりできるものではありません。丸山プロがマスターズで高度な技を披露することも、研修生がプロテストに合格することも、初心者が初めてコースに出ることも、私にとっては彼らのゴルフライフの手助けをしていることになります。コーチにとって非常に光栄なことです。

私のスイング理論の基本は、自然体で合理的、そしてシンプルでリズム良く、です。今までなかなか上達できなかった人も、ちょっとした「思い違い」を正すだけで、ゴルフはもっとやさしくなります。この本では丸山プロたちのスイング改造の過程や心構え、アマチュアのための上達する思考法や犯しやすいミス、ゴルフの奥深さと魅力などを紹介します。日本経済新聞の夕刊紙上に二〇〇三年三月から七月にかけて掲載した「マイゴルフ」を大幅に加筆したものです。この一冊をきっかけにして、ゴルフにより一層の興味を持っていただければ、私は皆さんのゴルフライフにささやかながらも携わったことになります。これもコーチ冥利につきる幸せなことです。

二〇〇三年七月

内藤雄士

目次

Chapter 2

Chapter 3

第3章　内藤流最新スイング理論――間違いだらけの日本のレッスン 97

テークバック

インパクト

スイングプレーン

スイングリズム

本書の収益の一部は、
ゴルフというスポーツが
多くの子供達に
夢や希望を与えることを
願って設立された
「丸山茂樹ジュニアファンデーション」に
寄贈されます。

第１章

Chapter 1

丸山茂樹　改造の軌跡

――世界のためのスイング改革

丸山茂樹

天才的「感性」ゴルフにも限界

「全然、ゴルフが上手にならない。2位にはなれても優勝する気がしない」

丸山プロからそんな悩みを打ち明けられたのは二〇〇一年二月です。ゴルフ雑誌が企画した対談のため、米カリフォルニア州のビュイック・インビテーショナルの試合会場に行ったのが、彼のゴルフに関わるきっかけでした。

私たちは日大ゴルフ部の同期生で、もともと顔見知りです。しかし、私が一九九八年に日本ツアーのコーチを始めたとき、彼はすでにスター選手になっており、試合会場で会っても挨拶を交わす程度でしかありませんでした。二〇〇〇年から丸山プロは主戦場を米ツアーに変えたため、直接、顔を合わすのは久しぶりでした。

↑丸山茂樹／一九六九年九月、千葉県生まれ。日大出。10歳からゴルフを始め、九〇、九一年の日本学生や九〇年のアジア（北京）大会団体・個人で優勝するなどアマチュア時代から活躍。九二年にプロ転向後、国内ツアーで9勝。二〇〇〇年から米ツアーに移り2勝。二〇〇二年のワールドカップで伊沢と組み日本に四十五年ぶりの優勝をもたらす二〇〇〇年の成績はトップ10入り7試合で、賞金ランク37位。優勝はなかったものの、米ツアー一年目の成績としては十分なものです。彼自身も満足しているはず、というのが私の思いでした。

「ショートゲームは自信あるが、ショット力に欠けている。もっと曲がらない球を打ちたい。フェアウエーキープ率、パーオン率の数字も良くしたい」

「フェースローテーション（フェースの動く角度）を抑えるにはどうしたらいいか」

「このままでは中堅選手止まりの気がする。これから先のハードルが非常に高い。どうしたらいいいと思う？」

対談後、アプローチの練習をする丸山プロから相談を受けたとき、まさか将来、自分が彼のコーチになるとは思ってもいませんでした。友人として気づいたままを二つ三つ、アドバイスしてみました。そのとき、出版社の人たちはタイガー・ウッズを取材しに行っており、我々は二人きりでした。

相談されたことに答えていると、「あしたのプロアマ大会も見てほしい」と言います。結局、ビュイック・インビテーショナルの試合会場では、火曜、水曜の二日間、丸山プロの練習について歩きました。ビデオで撮影し、二人でスイングプレーンやクラブフェースの向きを見ながら、意見や感想を率直に伝えたのです。このときの試合は四日間とも60台のスコアで13位。どの程度、受け入れてくれたかそのときはわかりませんでした。

帰国後しばらくして、丸山プロから「今日本にいるから、ちょっとスイングを見てくれないか」と連絡が入りました。丸山プロのホームコースであるファイブエイトGCで二日間かけてレッスンしたところ、「今、コーチを探している。このスイングをマスターズで試してみたいので、マスターズについてきてほしい」と依頼されたのです。そうして四月、米オーガスタ・ナショナルGCに帯同することになりました。

後になって聞いたことですが、彼は率直に意見を言ってくれる第三者を探していたのです。父親護氏の指導でゴルフを覚え、中学二年で日本ジュニアに優勝。日本学生は二度制覇しました。プロ二年目にペプシ宇部興産で初優勝し、九七年には日本プロ、日本プロマッチプレー、日本シリーズと「日本」の付くタイトル三冠を達成し、日本の第一人者となりました。それだけ実績のあるエリートに意見を言う者はそうそういません。

古くはジャック・ニクラウスに対するジャック・グラウト、少し前ならニック・フ

↑デービッド・レッドベター／一九五二年に英国で生まれる。南アフリカや欧州のツアーでトーナメントプロとして活動後、レッスン界に転出。現在、米フロリダ州に住み、「ボディーターン」理論を広める。N・ファルド、N・プライス、E・エルス、朴セリら世界の多数のトッププロを指導している

ァルドを教えていたデービッド・レッドベター、現在ならタイガー・ウッズとブッチ・ハーモンの関係に代表されるプロコーチの存在が、欧米では常識となっています。そのようなレベルの高い環境に一年間身を置き、コーチの必要性を痛感していたのだと思います。日本ツアーでずっとプレーをしていたら、彼がコーチを求める気持ちになることは多分なかったと想像します。

丸山プロはパーシモンのクラブヘッドで育った世代です。タメを利かせてクラブを下ろし、開いたフェースをインパクト直前で急激に閉じる打ち方が身についていました。これだとプレッシャーがかかったり、力が入ったときにミスを生みやすい。タイミング次第で右にも左にも飛ぶ「勘任せ」といえました。豊かな感性と手さばきの器用さでカバーしていましたが、それだけではどうしても限界があります。それどころかその器用さがマイナス要因となり、器用貧乏を招くところがありました。

腕のローリングやリストの操作を使いすぎることで、フェースローテーションが大きくなり、スイングプレーンが波打ってきます。そのためクラブの入射角度が毎回違い、球の高さ、スピン量、距離感が変わってきます。体の前傾角度もスイング途中で変わる安定しません。ゴルフはいつでも同じように振ることができるインパクトが必要なの

↑ブッチ・ハーモン／本名クロード・ハーモン・ジュニア。一九四三年、米ミシガン州生まれ。六九年から米ツアーに参戦し、七一年のBCオープンで優勝。七二年から本格的にレッスン活動を開始し、G・ノーマン、F・カプルス、D・ラブ、T・ウッズらを育てる。父は四八年マスターズ優勝のクロード・ハーモン。3人の弟もティーチングプロ

です。

「フィーリングだけでなく、ある程度、型にはめたい」

丸山プロはスイングを論理立てて理解し、その精度を高めたいと考えていました。

抜群のポテンシャルに胸が躍る

マスターズへ丸山プロに同行して、コーチとしての本格的な活動を開始しました。しかし、最初は互いに遠慮があったことは否定できません。どこまでスイングを改造する意思があるのか、マイナーチェンジにとどめておくつもりなのか、どのような球を打ちたいと思っているのか、彼の胸の内を私は読めませんでした。「トッププロとして日本の他の選手より注目度が高く、守るものも多い。なかなか思い切ったことができない」と何度となく聞いていたことが脳裏にありました。

丸山プロにしても、私がスイング作りの方向性をどう描いているのか、どういうやり方で進めようと思っているのか、つかみ切れていないところがあったと思います。彼はスイングについて指摘されたことを非常に気にするタイプです。それを知っていたので、私もあえて感想や意見を言わないようにしました。あまりに言わないので、コーチの役目を果たしていないと怒られたこともあります。マスターズ期間中は尋ねられたことに一つひとつ答えるといった程度で、カウンセリングの域を出ませんでした。

結局、最初の大舞台となったマスターズは予選落ちでした。二人とも気落ちして口数は少なかったのが、オーガスタからの帰路、丸山プロに「せっかくドローを習ったのに初日はついフェードに逃げてしまった。今日（二日目）は雄士とやってきたことを思い切ってトライしてみたら、すごくうまくいった」と言われたことが救いでした。

改造前、丸山プロのスイングはトップの位置が低めで、切り返し後に一度、クラブを立て、インパクト前に少し寝かせることでプレーンの下から入る傾向がありました。下から入る動きは、ダフりや曲がりの原因となり、絶対に直さなければいけません。スイングプレーンも波打ち、三面にも四面にもなっていました。勝負強さと抜群のショートゲームのうまさで、あのポジションを維持していたところがありました。

逆にいえば、それだからこそ彼に対するポテンシャルの高さを感じたところがあります。スイングが良く、アプローチは上手。パットも得意という穴のない選手だったら、「後は何を努力すればいいの？」ということになります。「まだまだ発展途上の段階。どんどんスイングが良くなれば、どんな選手になるか楽しみだ」

可能性の大きさを考えると、胸が躍る気持ちがしたことを覚えています。

インパクトゾーンの長いスイングを目指す

スイングのチェック法として、私はよくビデオを利用します。言ってみればビデオ撮影はレントゲンのようなものです。私自身、指摘ポイントを見つけるだけならビデオを使う必要はありません。専門の医師が患者の体を外から見て、骨折しているかどうかほぼ見当がつくのと同じです。しかし、細かく分析するにはビデオを撮ったほうが確実だし、停止したりスローにした映像を見せながら説明するほうが本人に納得してもらいやすいのです。

マスターズ終了後のバイロン・ネルソンとマスターカード・コロニアルの試合会場で、丸山プロにまず自分自身と他のトッププロのビデオを数多く見てもらうことから

着手しました。タイガー・ウッズやアーニー・エルスのスイングと比較し、ドライビングレンジで彼らが実際に練習しているときには丸山プロに後ろに立ってもらい、スイングのメカニズムを説明しました。

ミスにつながりやすい「ねじれ球」から、サイドスピンの少ない「ストレート回転系」の球筋への改善です。「フェース面をターゲット方向に早く向け、インパクトゾーンの長いスイングを目指す」。これがスイング改造のテーマでした。それはまさしく丸山プロも私も理想とするベン・ホーガンのスイングそのものです。

↑ビデオ撮影はレントゲンのようなもの。高精度のスイングチェックにはビデオが欠かせない

理想のスイングに向けて――9の修正ポイント

大きく分けて、我々が取り組んだ修正ポイントは次のとおりです。

●修正ポイント1「左手甲が伸びたグリップ」

クラブを暴れさせないため、グリップを全体的に右横から持つように変えました。もともと丸山プロはストロンググリップでしたが、左手首が甲側に折れていたため、手が自由に使える半面、いつもどこかでスイングを調節しながら打つ必要がありました。インパクトのタイミングが合ったときはまっすぐ飛ぶが、タイミングがずれたときはプッシュアウトや引っかけが出ます。

左手の甲が真っすぐに伸びたストロンググリップだと、アドレス時での左手甲の向きに沿ってクラブを振り上げ、振り下ろすだけでオンプレーンとなります。スイング中にフェースを開いたり、閉じたりする動作は不要です。左手甲の向きが変わらなければ、フェースの向きも常に一定になります。

● 修正ポイント2「ショートサム」

できるだけ手のひらや指の部分でクラブとの接触面積を広くし、手首のローテーションを抑えるようにするのが狙いです。以前の丸山プロは左親指を伸ばしたロングサムで、両手全体を短く詰めて握っていました。クラブとの接触面積の狭いグリップは、手首が動きやすく、スイングプレーンが不安定になります。手首をあまり使えないようにするには、左手の親指を詰めて握るショートサムが効果的です。人間の体は、親指を伸ばすと他の四本の指の間隔は詰まり、親指を詰めると他の四本は広がる仕組みになっています。

● 修正ポイント3「ハンドアップ」

不安なときはアジャストする意識が強く、知らず知らずボールに近づいて前傾が深くなります。池越えのホールなどプレッシャーのかかる場面になると、ハンドダウンが強くなる傾向が丸山プロにもありました。ハンドダウンはバックスイングでアップライトに上がり、ダウンではクラブがプレーンの下から入りやすくなります。

グリップの位置をわずかばかり高くしてハンドアップすることにより、胸の位置を高くした構えが可能となり、クラブの軌道が理想のプレーン上を動きやすくなります。グリップの位置を高くすることは左手の親指を詰め、自然とショートサムの形を作る副次的なメリットもあります。

●修正ポイント4「体重は母指球（親指の付け根）に乗せる」

ゴルフスイングは回転運動だという意識があるためか、プロでも腰を回しすぎる選手が少なくありません。丸山プロもその一人で、テークバックで右足のかかとに体重が逃げていました。その位置から切り返すと、上体は浮き上がり、インパクトポイントが不安定になります。テークバックでは右足の母指球に体重を乗せ、右太ももの位置をずらさないようにして、腰の回転を抑える意識が必要です。アドレスの位置から飛球線後方にまっすぐ体重を移して右足内側で踏ん張り、ダウンスイングでは左へ直線的に移動し、左足の母指球で体重を受け止めます。

●修正ポイント5「トップの位置を適正な高さに」

ダウンスイングでプレーンに乗せやすくするため、トップの位置を適正な高さに改善しました。以前はトップが低くクラブが寝ていたため、切り返しで一転して立て、タメを作ってダウンする形でした。しかし、そのままではインパクトでフェースが開いて当たるため、フェースコントロールが必要となり、プレーンが何面にもなります。これがねじれ球の原因となっていました。

それを矯正するため、インパクトポイントに向かってクラブをまっすぐ落とし、一面のプレーン上を通る高さへとトップの位置を修正しました。低すぎず高すぎもしない適正なトップの位置は、右手一本でクラブを振って見つけることができます。

●修正ポイント6「アーリー・リリース」

かつてのゴルフ理論はタメたほうが飛ぶという考え方が支配的で、丸山プロのスイングにもこの影響が残っていました。しかし、タメすぎのダウンスイングはアウトサイドから下りやすく、プレーンを外れる原因になります。早めにリリースすることによってクラブの振り遅れがなくなり、フェースの余計なローテーションもなくなります。ボールが出て行く、いわゆる出球の方向が安定し、サイドスピンの少ないストレートスピン系のボールを打つ確率が高まります。

● 修正ポイント7「右足前でフェースをスクエアに」

フェースをシャット気味にテークバックし、ダウンスイングでクラブが右足前に来たときには、すでにフェースがターゲット方向に向いているようにします。こうすると、入射角が安定し、インパクトが点でなく幅広いゾーンを作ることができます。右足前から左足前までクラブを直線的に動かすことで、ストレートスピン系の精度の高いショットができ、ロングアイアンで高い球を打つことができます。最初、丸山プロが練習したとき、素人でも打たないような左への打球を連発していましたが、腕の動きと体重移動のコツをつかむことにより、ボールはターゲット方向に向かうようになりました。

● 修正ポイント8「右足の浮き上がりを抑える」

ハーフウエーダウンからフォロースルーにかけて右足かかとが浮き上がると、連動して手先も浮き上がり、スイング軌道がゆがんできます。右足の浮き上がりを我慢することによって、ミートポイントがズレることを防ぎ、腕のローリングを少なくします。インパクトからフォロースルーにかけて右足内側くるぶしを地面につける意識を持つことによりクラブは直線的に動き、スイングプレーンに沿ってヘッドは上昇していくのです。

● 修正ポイント9「フェースの返しすぎを防ぐ」

丸山プロが結構こだわっているのが、フォロースルーでのフェースの抜け方。チェックポイントはフォロースルーのときの手の位置が腰のところに来たとき、自分から見てヘッドのトウの部分が立っているかどうかです。トウが立っていれば、ローテーションの少ない理想のスイングができているということになり、バックフェース側が見えていたらローテーションが多すぎるということになります。

アメリカで戦い抜くための肉体強化とクラブ改良

スイング改造の成功には、強じんでタフな肉体が必要なことはいうまでもありません。以前の日本のゴルフ界は「体力より技術が優先する。ゴルフに筋力トレーニングは不必要。一球でも多く球を打つほうがいい」という意見が主流でした。今でもその風潮は強く残っていますが、体躯に恵まれた欧米の選手が体を鍛え、パワーの劣る日本選手が筋トレに無関心では、彼我の差が大きくなるのは自明の理です。ウッズたちはシーズン中もよくラウンド後に走ったりマシンと格闘し、柔軟性、瞬発力、持久力などを強化しています。

丸山プロは私がコーチにつく前から肉体強化に熱心で、最近は特に腹筋など体幹を重点的に鍛えています。一日に300―500回、多い日は800回も腹筋運動を繰り返し、一時90センチを超えていたウエストは80センチに絞り込まれました。逆に肩幅は3センチ、胸囲は2センチ、日本にいるときより増加。食事の栄養のバランスを考え、サプリメント（栄養補助食品）にも気を配っています。夜中に物を食べたりしないのも、肉体改善の効果をしっかり出したいという意思の表れです。

腹筋がしっかりすれば、アドレスでの前傾姿勢をスイング中もキープでき、ショットの方向性が良くなってきます。腹筋に力を入れることにより、緊張する場面で肩の力が抜ける効果もあります。パワーがつくため、洋芝の絡んだラフからのショットで力負けすることがありません。練習で多くの球数を打っても、腰への負担が少なくてすむので、従って試合数も数多くこなすことができます。

米国は日本の二十五倍の広さの国土を持ち、「移動距離は日本の五倍」（丸山プロ）です。遠征で疲れるようでは戦いの現場にいる資格はありません。タフな体は四日間を余力を持って戦うことを可能にし、ラウンド後の疲労度も少なくします。二〇〇二年十二月のＥＭＣワールドカップで右肩痛の故障明けにもかかわらず優勝できたのは、鍛え抜かれた体が下地としてあったからです。

心肺機能を高め、プレッシャー下でも心拍数を上げないトレーニングも行っています。エアロバイクで数分間、インターバルを挟みながら速度の上げ下げを繰り返すというもので、週に三、四回のペースでやっています。これなどは肉体面、精神面の両方のレベルアップを狙ってのものです。

クラブに対してもどん欲に米ツアー向きに改良を重ねています。一つはアイアンのヘッドを小さく、シャープにしていることです。粘りつくような米国の芝は、ヘッドが小さくなければ振り抜けが良くありません。ウッズが「アイアンのフェースの大きさはボール１個分あれば十分」と言っているように、プロに大きなスイートスポットは不必要。芝の抵抗力を少なくする、小ぶりのヘッドが米国では不可欠となります。使い心地や打感なども考え、スイートスポットの広いキャビティーから、打点が厳しく限定されるマッスルバックに替えたのもその流れの中の一環です。フェースローテーションを少なくし、方向性を良くしました。

もう一つのクラブ改良は、グースの度合いを日本のときより小さくし、ストレートネックに近くしたことです。「リーディングエッジでボールを拾いやすくする感覚を大事にする」（丸山プロ）ためです。サンドウエッジにしてもグースとバンスの微調整を何度も繰り返しています。練習場やティーグラウンドで他のプロのクラブを熱心に観察したり、実際に打たせてもらうことは再三です。それらの形状や感触を確認し、自分のクラブの改良の参考にするところなど、道具に対する彼のこだわりはとても強いのです。

ミルウォーキーオープンで米ツアー初優勝

二〇〇一年七月のミルウォーキーオープン（米ウィスコンシン州ブラウンディアパ

ークGC、パー71）で丸山プロの練習ラウンドについて歩いた私は、4アンダーを一日の目標に設定しました。五月のバイロン・ネルソン・クラシックから本格改造に取り組んでまだ二カ月ちょっと。「かなりクラブフェースの動きが滑らかになってきた。私の予想より進歩が速い」という実感はありましたが、優勝は全く頭にありませんでした。

丸山プロはまだまだ新スイングにしっくりきていなかったのでしょう。「一日3アンダー、通算12アンダーでベスト10に入り、少しでも世界ランキングが上がれば」という程度に考えていたようです。結果的に見れば「欲をかかずにプレーできた」（丸山プロ）ことが功を奏したのか、通算18アンダーで米ツアー初優勝を挙げることができました。米男子ツアーで勝つのは一九八三年のハワイオープンの青木功プロ以来十八年ぶり二人目。米本土では史上初の快挙ということでした。丸山プロだけでなく、これから世界を目指す日本の他の選手にも大きな励みになる1勝でした。

初日はインスタートで、前途多難な出だしでした。10番のティーショットをいきなり大きく右に曲げ、木の下に。それを出そうとして木に当たり、第3打でフェアウエーに出すだけ。結局このホールは4オン2パットのダブルボギーでした。

↑ミルウォーキーオープン／正式名称はグレーターミルウォーキーオープンで、一九六八年に第1回大会が開かれる練習ラウンドだと結構スムーズな動きを見せる修正スイングですが、いざ本番でティーの前に立つと指令系統に微妙な狂いが出て、あちこちで不都合を生じる段階でした。

私と契約する前の丸山プロは、8番アイアンなどを使ったランニングアプローチは全くしていませんでした。どんな状況でもサンドウエッジ一本でピッチエンドランやロブショットに対処していました。アプローチ巧者で屈指のテクニシャンの丸山プロとしては意外な事実ですが、バリエーションの少なさは確実にハンディとなります。ランニングアプローチは全英オープンなど硬い地盤のコースでは必須の技術であり、ピンを「線」で狙うためチップインの確率も高まってきます。

初日は3アンダー、16位タイ。二日目は後半をノーボギーの5バーディーで回って65で終え、3位へ浮上しました。三日目も好調を持続し、通算13アンダーの2位タイ。首位のジェフ・スルーマンとはわずか1打差でした。私の三日間の目算を1打上回る好スコアですが、その夜の丸山プロとの会話で「優勝しよう」との言葉は全く出てきませんでした。スルーマンが逃げ切るものと彼は予想していたようです。スルーマンはそれまで米ツアー4勝のベテラン選手です。「最後までこういう緊張感のあるポジションでプレーできるのは幸せ。これから何回もこういう位置に行けるようにしよう」と、上位で戦える充実感に満足していました。

最終日は最終組でスルーマン、2位タイのハリソン・フレーザーとのラウンドです。丸山プロにとってついていたのは、フレーザーが同伴競技者だったことです。前年の全米オープンの予選会で58をマークしたときも、二〇〇一年のソニーオープン初日にホールインワンを出したときもフレーザーが同じ組にいました。勝負師は意外とゲンを担ぐものです。このときもまた何かを期待する気持ちが丸山プロにあったとしても不思議はありません。

8番（436ヤード、パー4）で残り178ヤードの第2打を7番アイアンで直接カップインさせてイーグルを出すなど、スコアをぐんぐん伸ばしました。丸山プロが「優勝するときはこんな運も必要なんだな」と振り返るイーグルショットでした。この一打で優勝を意識し始めたといいます。

「米ツアーで優勝争いをしても、それまではあえて〝勝とう〟という気持ちを抑えるところがあった。ミルウォーキーオープンの最終日に前半を単独トップでターンして初めて〝絶対勝ちたい、勝とう〟と本気で執念を燃やした」

丸山プロが米ツアーに初めて参戦したのは、九四年二月のニッサン・ロサンゼルスオープンでプロ三年目のとき。それ以来、出場するたびに米ツアーの洗礼を浴び、米ツアーの厳しさに打ちのめされてきました。それゆえに「ここはアメリカ。実力者があまりにも多い。そんなに簡単に勝てるわけがない」という意識が体の奥底までしみ込んでいたのです。

「10番からはプレッシャーで何をやっているかわからなかった」

日本ツアーで何勝もしている実力者も、米ツアーでは二年目の新参者。プレッシャーと悪戦苦闘する丸山プロの胸の鼓動が、ロープの外から見ている私にも伝わってくるほどでした。

11番（パー3）で左のバンカーに入れボギー。3ホール続けてパーセーブを重ねた後、15番のパー5で貴重なバーディーを取り再度18アンダーに。そして16番から3ホールをパーに収めて18番を終えたときはチャールズ・ハウエルと並んでいました。

「本戦では八十数人が相手ですが、プレーオフは目の前の一人を倒せばいいだけ。マッチプレーは得意だ」

プレーオフへと突入したときにはいつもの冷静さを取り戻していました。

第1打をきっちりフェアウエーに落とした丸山プロに対し、ハウエルのティーショットは左のラフへ。結局、丸山プロが1・5メートルのバーディーパットを沈め、勝負はあっけなく1ホール目でつきました。成長株とはいえプロ二年目の若手とは役者が違いました。

九四年の米ツアー初出場から69試合目、二〇〇〇年に本格参戦して44試合目、そして私がコーチとしてつき始めたマスターズから11試合目の初優勝です。「自分にとってプロ通算10勝目を米ツアーで飾ることができた。これで自分のゴルフ人生の二段目に入った」というのが、しばらく日数がたってからの丸山プロの優勝の感想でした。

丸山プロで感心したのは、三日目を13アンダーで終えた後、最終日の目標を18アンダーに上方修正し、「それに向かって頑張った」ことです。彼の大会前の四日間トータルの目標は12アンダー。予想より良いスコアが出るということは気合が充満し、ゴルフの調子も良いということです。「今週は何をやってもうまくいく。あと二つ、三つバーディーを増やせそうだ」と勢いをそぐことなく、波に乗っていく。その流れを読む能力はさすがです。日本の選手は予定のスコアをクリアすると、そのスコアを守る意識が強すぎるところがあります。

予想外に早いミルウォーキーオープンでの優勝にホッとしたというのが、私の偽らざる気持ちです。スイング改造途中で選手がいくら結果を求めないといっても、予選落ちや下位の成績ばかりでは気分はめいってきます。一つ勝つことにより、丸山プロがそのとき進めている改造の正しさを信じ、さらに努力しようという気持ちになってくれることが、私にとってうれしいことでした。

「このやり方は丸山プロに向いているのだろうか」

「他のコーチなら別なやり方をしていただろうか」

失敗が許されず、試行錯誤しながら常に恐怖心との闘いの中で指導している私にとり「追い風」となる優勝でした。

もっともこの大会の1位、五月のマスターカード・コロニアル5位と私がついて歩いた試合で好成績を挙げるため、周囲の人から「いいとこ取りの内藤先生」「ボーナス取り」などと冷やかされるのには参りました。コーチ契約の項目の一つが、帯同した試合の賞金の数%をいただくことになっているからです。

適応力の高さと周到な準備

丸山プロはジュニア時代から世界で活躍し、世界ジュニア選手権などの舞台でアーニー・エルスやフィル・ミケルソンらと対戦しています。日体荏原高時代、世界ジュニアの十六―十七歳の部でエルスが2位、丸山プロが6位になったこともあります。世界の強豪選手と顔なじみのうえ、人懐っこい性格が幸いして、外国人選手とも気楽に付き合うことができます。ロッカーやファミリーラウンジで他の選手たちと一緒になってバスケットボールのテレビ観戦を楽しんでいます。人種が違うことに過剰意識がなく、みんなと友達になることができます。

若いころから「僕は外国人接待係」と公言し、来日する外国人選手に積極的に話しかけたりしていました。「ハンバーガーが大好き」と欧米の食事も苦にしません。日本の他のプロにはない適応力の高さを持っています。どっぷり米ツアーに入ることができなければ、勝利をものにすることはできません。そういえば韓国の崔京周プロも米ツアーの中に深く溶け込んでいます。

米国での生活に苦痛がないからといって、丸山プロは米ツアーに挑戦する際、「何とかなる」といったいいかげんな気持ちや「当たって砕けろ」式の無謀な考えで、米国に飛び込んではいません。「僕の夢は富士山の頂上に立つことでなく、エベレストに登ること」と彼はよく言います。つまりは「世界一」になることを目指すという意味ですが、そのエベレストに登るための準備は周到です。

まずロサンゼルスに居を構え、遠方に移動するときはプライベートジェット機を利用。米ツアーがシーズンオフになっても、可能な限り日本の試合には出場しません。もちろん体力、技術の強化も欠かしません。日米両方でフィジカルトレーナーに見てもらえるように体制を整えておく。すべて米ツアーメンバーとして成功するにはどう過ごせばいいのか、常に綿密に計画を練り、自己に投資します。腰を据えて戦い続けた結果が、米ツアー初優勝につながったのだと思います。

二〇〇二年マスターズで自信をつかむ

「改造はかなりものになってきた」

二〇〇二年のシーズン入りのとき、そう思えるほど改造スイングは一定のレベルに近づいていました。多くの選手のコーチをしていますが、丸山プロほど進歩の速度が速い人は知りません。何らかの事情で自分にブレーキをかけたり、飛躍することを自分で止めている選手が大多数です。普通は私の期待度の八割程度を達成できれば御の字といったところです。だが、丸山プロは私の予測ラインを超えて一二〇%、一五〇%の結果を出してきます。「次はこれぐらいのスイングを」と目標レベルを上げるたびに、必ず私の想像を超えた成績を挙げるところが、彼のすごさです。

丸山プロもかなり手応えを感じ、私と同じ気持ちだったのでしょう。三月下旬のプレーヤーズ選手権の出場を言い出してきました。会場となるTPCソーグラス（フロリダ州）は池が多く、ショットメーカーでなければ活躍できないコースです。暴れるティーショットを、抜群のアプローチでカバーするタイプの丸山プロに合うコースセッティングではありません。事実、同大会にはそれまで三度出場し、予選落ち二度、棄権一度。前年は出場もしませんでした。

プレーヤーズ選手権は「第五のメジャー」と呼ばれ、トッププロはそろって出場します。マスターズ前の前哨戦として各選手は重要視している大会です。前年に欠場したとき、「なんで出ないの？」と聞くと、「嫌いなコースだから。いいプレーができる気がしない」という返事でした。マスコミにも「世界で最も苦手なゴルフ場」と公言していたほどのコースを舞台にして、これまでやってきたスイング改造の成果を試してみたいというのです。ＰＧＡツアーのフィンチャム・コミッショナーからも「今年は出てよ」と言われていたようでした。

「ＴＰＣソーグラスで好結果を出せば、マスターズでも活躍できる。今年の成績を占う大会になる」

それが私の気持ちでした。その大会には同行しておらず、日本でドキドキしながら注視していました。

結果は大成功です。一、二日目が悪天候でサスペンデッドになる集中しづらいコンディションでしたが、ともにイーブンパーの72で回って初めて予選を突破。三日目はこの大会で自身初の60台（69）のスコアを出して10位に浮上しました。最終日、17番で池に入れダブルボギー、18番でもボギーとして14位に降下しましたが、16番までは優勝争いを演ずる展開でした。テレビで見ていた私も、冷静なコースマネジメント、ショットの精度のレベルアップを感じ取ることができました。

四月のマスターズにはその勢いで乗り込むことができました。前年の二〇〇一年は予選落ちしています。ウッズが優勝して史上初のメジャー4連勝を達成、伊沢利光プロが同大会での日本人選手最高位の4位をマークしたときです。私は丸山プロを見始めた直後で、本格的なスイング改造に取り組む前でした。

「まだまだ僕の実力では太刀打ちできません。（大会創設者の）ボビー・ジョーンズ氏に、もう一度練習し直してこい、と言われているのだと思います」

二日目のラウンド後、そう報道陣に語っているのを私も悔しい思いで聞いていました。それから一年たって、我々二人のコンビは成熟度を増し、信頼感を強めています。着実な成長を実感できていました。

丸山プロがプロゴルファーを目指した原点はマスターズだということを以前から聞いていました。彼が小学生だった八一年、優勝したトム・ワトソンが18番のグリーンに上がって行く姿とそれを迎える大ギャラリーを見て、プロの道に進むことを決心したのだと言います。そんな思い入れからか、日曜日の早朝にコース入りし、クラブハウスにまっすぐ向かいました。マスターズの選手用バッジやキャディーのゼッケンは1番が前年の優勝者、2番以降は受け付け順となっているため一番乗りを目指したの

↑マスターズ／世界4大トーナメントの一つで、毎年四月米ジョージア州のオーガスタ・ナショナルGCで開かれる。一九三四年にボビー・ジョーンズが創設

です。だがタッチの差でアイルランドの選手に遅れ、3番のナンバーをもらうことになりました。端から見るとどうでもいいようなことに見えるかもしれませんが、丸山プロの意気込みの表れと解釈できました。

初日は9番ホールでトリプルボギーとするなど53位の発進。「気負いすぎか」と心配させましたが、二日目39位、三日目36位と日ごとに順位を上げ、最終日は大爆発して14位に食い込みました。実は三日目の夜、丸山プロが私に「最終日はリスクを恐れず徹底的に攻めるよ」と言ってきました。この言葉は玉砕覚悟的なものでなく、自分のショットに自信を持っている証しでした。ボギーなしの67は、最終日でただ一人の60台のスコアです。五度目の出場で彼自身初の60台でもありました。

「魔物が棲む」と恐れられるオーガスタ・ナショナルGCの池にも難グリーンにもおびえることがなくなりました。翌年のマスターズ出場権を獲得できる16位以内に入ったことは相当な自信となりましたが、それまでの上達の度合いを見ている私には「意外」という気持ちはありませんでした。

バイロン・ネルソンで日本人初の2勝目

四月のマスターズから一カ月後のバイロン・ネルソン・クラシック（TPCフォーシーズンズ、パー70）での米ツアー2勝目は、私から見ると不思議でも何でもない結果です。自分のゴルフさえできれば、高度なフィールドの中でも戦えるという見通しを持っていました。一つの段階が終了した、という気持ちでした。

このときも日本にいた私と連日電話で話をし、チェックを怠りませんでした。世界ランク10位のうち八人が出場する、メジャーに匹敵する層の厚さの中での戦いでした。1勝目のミルウォーキーオープンのときは全英オープンの直前で、ウッズ、デュバル、ミケルソン、エルスら強豪が欠場していただけに、一部ではあまり評価されないところがありました。けれど、この2勝目は文句のない顔ぶれです。崔京周プロ（韓国）に続くアジア勢の米ツアー二週制覇は痛快でした。

二日目に単独トップに立ち、それ以後、優勝争いのプレッシャーを受けながらの逃げ切り勝ちは見事でした。最終日はエルスが13番でホールインワン。ウッズが14番か

↑バイロン・ネルソン・クラシック／一九四四年にダラスオープンの名で始まり、第1回の優勝者はネルソン自身。現在の名称は六八年から

ら3連続バーディーと激しく追い上げても、丸山プロは最後まで自分のリズムを崩しませんでした。最終18番ではギャラリーを笑わせるパフォーマンスを演じていたところに彼の余裕をうかがわせていました。世界ナンバーワンのウッズが4打差の3位、エルスは6打差の4位タイ。「リーダーズボードには僕の下にウッズやエルスの名前がある。アメリカに骨を埋めるつもりでやってきた努力が実った」との言葉は、彼の実感だったと思います。

「1勝目はまぐれで勝つことがある。2勝目を挙げて初めてフロックではない、本物の実力と認められる」（丸山プロ）

初優勝のときは涙ぐむ場面もありました

↑バイロン・ネルソン・クラシックで日本人初の米ツアー2勝目を挙げる（写真提供・共同通信社）

が、この2勝目のときはテレビを通して満面のスマイルを見ることができました。

バイロン・ネルソンの試合ではもう一つ、技術の成長をうかがわせるものがありました。パットの正確さです。私がコーチをする前は肩と手の運動量がまちまちで、大きなテークバックをとった後、インパクトの強さで転がりを調整するところがありました。それではプレッシャーがかかったとき、思い通りのストロークができなくなる欠点があります。肩と手、ヘッドの運動量を同じにすることで、パットが決まる確率を上げていました。

私が丸山プロのスイング改造にかなりの完成度を認めたのは、二〇〇二年二月のツーソンオープンのときです。いわゆる〝スイッチが入った瞬間〟といえるでしょうか。コーチとして丸山プロを見始めてちょうど一年です。練習ラウンドではかなりの確率で青写真通りのスイングを見せていました。

プロたちはよく「あのひと言でスイングがわかった」などという表現を使います。もちろんそのひと言でわかるはずはありません。ひと言でわかるような簡単なスイングなら、ダメになるのも簡単です。こつこつとやってきたことが下地にあり、そのひと言がスイッチを入れるきっかけとなるということです。別な言葉でいえば、スイッ

チが入るための準備がどこまでできているかということです。スイッチが入ったことでブレークするか、ただのひらめきに終わるかは、それまでの過程がカギになります。

ただ、丸山プロは大変繊細な人です。スイッチが入ってからも完全に自分のものとして消化するまで、しばらく時間がかかりました。本番で力が入ったときはクラブがプレーンから外れたり、入射角が狂ったりしました。きれいなスイングができたときには、力の入れ具合とリリースポイントがうまく合わず、飛距離的に落ちるところがありました。二月から2勝目を挙げる五月まで、外見的にスイ

↑丸山プロは肩と手、ヘッドの運動量を同じにすることでパットの正確性を高めた

ングはできていても、丸山プロの体内では新しい感覚と旧感覚の葛藤があったのだと想像します。

全英オープンで惜しくも1打差の5位

七月の全英オープン（英ミュアフィールド）は優勝者のエルスと1打差の5位と惜しい内容で終わりました。大会前の練習日に日本にいる私に電話をかけてきたとき、「調子はまあまあ。コースがフェアでいいよ」と明るい声でした。つまりは「自分に向いているコース」ということです。活躍を予感させる雰囲気がうかがえました。

予選の2ラウンドをウッズ、地元英国の新星ジャスティン・ローズと同組で回り1位タイで通過。二日間のフェアウエーキープ率は九二・九%で、出場選手中1位でした。

「どう、オレの（右の）ベタ足、見てくれた？　今回はそればかりを意識してやっているんだ」

二日目終了後の彼からの電話です。右ひざの動きを抑え、軌道を良くすることは、

➡全英オープン／英国で一八六〇年に始まった世界最古のトーナメント。アンジュレーションの激しいフェアウエー、伸び放題のラフ、リンクス特有の強風などで有名

改造スタート時からのポイントの一つです。それまでもスタンスを狭くしたり、ベタ足にしたりと右サイドを抑える工夫をいろいろ重ねていました。大舞台でそれでやってみせたところに、彼の真骨頂を見る思いがしました。

第三日は暴風雨と寒さの中でのラウンドでした。ウッズがプロ転向後自己ワーストの81をたたいた日です。「あれほどつらい一日はなかった。僕の人生の中で一番寒いラウンド」と後から報告を受けましたが、テレビを通しても厳しいコンディションであることがわかりました。75のスコアで3位へ後退したものの、首位エルスとは3打差。切れずに粘る精神面の成長が頼もしさを増加させていました。気持ちを奮い立たせるのも、コーチの大きな仕事。「スイングは崩れていない。この調子で最終日も活躍できそうだ」と電話で盛んに励ましたものです。

最終日はハーフ終了時点で6アンダーの単独トップに立ちました。この時点で本人は「勝てると思った」そうです。だが10番の3パットからリズムが崩れ、12、13番と連続ボギーで3アンダーにまで後退。本人が「5、6ホール、空白ができていた」と悔やむエアポケットに入った時間帯でした。

だが、崩れそうになったときの盛り返し方を知っているのも彼の強さです。15番

（パー4）の第2打地点で本来のリズムを取り戻すことができました。前の組がグリーン上でパットをしているため、二、三分間の待ち時間がありました。そのわずかな時間を冷静な自分に戻るきっかけとしたのです。16番で2メートル、17番のパー5で2オンして連続バーディーと通算5アンダーまでスコアを戻しました。

「メジャーに自分が勝てるとか、勝つチャンスがあるとは考えたこともなかった。しかし今は十分チャンスがあると考えられるようになった」というのが全英オープン後の彼の感想です。勝負所で自分のリズムを保つことの難しさを感じながらも、メジャー制覇の夢に大きく近づいたことは確かです。

丸山プロが数字にこだわらない理由

大会四日間の丸山プロのフェアウエーキープ率は七一・四％でした。二〇〇二年のシーズン通しての彼のその部門の数字は六五・一％（147位）だから、全英オープン期間中のティーショットの好調さがうかがいしれます。とはいえ私自身、フェアウエーキープ率などの数字にあまりこだわりはありません。最終的にスコアが良ければいいのであり、フェアウエーキープ率は悪いより良いほうがいいかなという程度です。

なぜならば丸山プロは攻略法を人一倍考えるタイプだからです。例えばグリーンの右端にピンが立っていた場合、フェアウエー中央よりフェアウエー左側から攻めていくことが結構多いのです。グリーン攻略に対する選択の幅が広がり、安全性が高まるからです。そのためにはティーショットからの落とし所としてフェアウエー中央を目標とするのでなく、たとえファーストカット（セミラフ）に入っても左側ぎりぎりを狙っていくことになります。ただ単にフェアウエー中央を狙うだけなら、フェアウエーキープ率はもっと良くなることは間違いありません。

同じ二〇〇二年の148位のパーオン率（六三・九％）についても同様のことがいえます。彼はアプローチが抜群にうまいため、ピンから遠く離れたグリーン中央に乗せるより、ピンに近いカラーなりエッジのほうが攻めやすいことが珍しくありません。20メートルのロングパットを苦にしない選手はオーソドックスにグリーン中央を狙うため、自然とパーオン率は良くなっていきます。ウッズのパーオン率が高く、平均パット数が良いのは、ロングパットに自信があるせいです。

丸山プロは3パットの危険性があるロングパットを残すより、あえて狭いスペースから狙う「裏攻め」を好むところがあります。当然グリーンを外す確率は高くなります。その代わりピンにピタリとつく、いわゆる「ベタピン」のショットはウッズより丸山プロのほうが圧倒的に多いといえます。米ツアーを主戦場とする横尾要プロも「丸山プロはタイガーよりベタピンが多いといえます」と語っています。パーオン率や平均パット数、フェアウエーキープ率など各分野のデータを見てウイークポイントをチェックしたり、強化に役立たせる効用は否定しませんが、単純に数字だけの比較では計れない意味合いがデータには潜んでいます。

四十五年ぶりのW杯優勝

「シーズンが終わって今はオフ。だれも注目していないから気楽にやってくるよ」

二〇〇二年十二月、メキシコで開かれる世界選手権シリーズの国別対抗戦、EMCワールドカップに向けて出発する成田空港で、丸山プロの表情はいつものように明るいものでした。一緒にタッグを組む伊沢プロとはスケジュールの都合で別々の出発で

➡ワールドカップ／一九五三年にカナダで始まった国別対抗戦で、六六年までカナダカップと呼ばれた。日本で開かれた五七年に中村寅吉、小野光一組が優勝した

した。

その三カ月前から丸山プロを苦しめていた右肩痛は完治しておらず、ウッズら世界のトップ選手が来日して参戦したダンロップ・フェニックスを欠場した直後です。不安と焦りはあったはずですが、丸山プロは開き直ったときの強さに自信を持っています。リハビリ中という事情も、気負いを除く一因となっていたのかもしれません。

一年前、同じコンビで挑んだ日本開催のワールドカップは11位と期待を裏切るものでした。初出場だった堅さか、個人戦でない独特の雰囲気に戸惑ったか、あるいはチーム戦が持つ連携の難しさか、両プロのコンビネーションはいま一つでした。特に丸山プロのパットが決まらず、ギャラリーから辛らつなヤジを浴びせられたこともありました。

私はメキシコの大会には帯同せず、日本で現地からのテレビを見ていました。一カ月間、故障でクラブを握っていなかったわりに力みのないきれいなスイングをしていました。調子うんぬんを考える前に、球筋に対し純粋に立つことに集中していることがうかがえました。パットもよく決まっています。試合から遠ざかっていたことで、リセット状態からスタートした無欲さが感じられました。

二人のうち良いスコアを採用するフォアボールの初日は丸山プロが5バーディー、伊沢プロが4バーディーの計9バーディー（1ボギー）64で、日本チームは24チーム中13位。トップはカナダの13アンダーでした。

「カナダは出来すぎ。僕らのスコアは悪くない。（右肩痛の影響で）思い切りクラブは振れないが、久しぶりにアイアンが切れて、パー3がうまくいった」

報告してくる丸山プロの電話の声は明るいものでした。

二人は日体荏原高からのチームメートで、伊沢プロが二学年上ながら「マルちゃん」「トッくん」と呼び合う仲です。高校時代にはダブルスを組んで優勝もしています。その二人がそれぞれ独自の世界に入り、個々にプレーに専心しながら、見事なハーモニーを描いているのがわかりました。活躍を予感させる初日のプレー内容です。

二日目は1個のボールを二人が交互に打ってプレーするフォアサムです。初日から好調な伊沢プロのショットにかけ、奇数ホールのティーショットを伊沢プロが担当、丸山プロが偶数ホールを担当しました。パー3ホールがすべて奇数ホール（5、9、15、17番）だったからです。その作戦がうまく当たり、伊沢プロが9番を除く3ホールを2メートル前後につけ、丸山プロがきっちり沈めました。この日は64で通算16アンダーとし、首位のフィジーと3打差の5位へと浮上しました。

再びフォアボールとなった三日目に日本チームは爆発しました。1イーグル、12バーディーの58をマークし、通算30アンダーの単独首位に立ったのです。13番（340ヤード）で伊沢プロが残り75ヤードの第2打をカップインさせるイーグルが大きかったといえます。「イーグルで気持ちが乗り、それからは楽しいゴルフだった。うまくかみ合えば、これくらいのスコアは出ると思っていた」と丸山プロの口は滑らかでした。

普段から二人は同じブリヂストンのボールを使い、同じフェード系の球筋です。二人ともボールに対する違和感を持たずにすみ、コースの攻め方も似かよっています。同一ボールを使って交互にプレーするフォアサムになると、この共通項が大きくものをいってきます。最終日は再度このフォアサムでのプレーでした。

優勝候補筆頭の米国チーム（フィル・ミケルソン、デービッド・トムズ）とのマッチレースは、日本が13番でミスを重ねてダブルボギーとし逆転されました。けれど日本は16番で1メートル、17番で2・5メートルを沈める連続バーディーで米国と並び、再度トップに立ちました。17番でバーディーパットを決めたとき、丸山プロが演じたガッツポーズは「一年前のブーイングで味わった屈辱を晴らすことができた」喜びの表れでした。

最終18番で1組前を回る米国が第2打をグリーン左のクリーク脇に打ってアンプレアブル。結局ダブルボギーで終わるのを、日本の二人は冷静に見つめながらプレーし、最後は伊沢プロが80センチのパーパットを沈めました。一九五七年の中村寅吉、小野光一組以来四十五年ぶりの世界一制覇。「世界の舞台に我々がいてもおかしくない存在になった」と丸山プロが実感する瞬間でした。

「ワールドカップはサッカーだけじゃない。ゴルフも格好いいじゃないかとこの優勝を見て思うことで、日本のゴルフファンが増えたらうれしい」

ジュニアゴルファーの育成に熱心な丸山プロらしいコメントも素晴らしかったです。

頭の中でもゴルフをしている丸山プロ

丸山プロは感性重視のゴルフを理論と融合させるため私をコーチに指名しました。

とはいえもともとは感覚派だけに、ドリルを使ったスイング作りはなじまないタイプです。ドリルというのはいってみれば荒療治で、強制と似たところがあります。骨折を石こうで固めて治すようなやり方は、丸山プロには向きません。先に形から入っていくと、本来の丸山プロでなくなってしまいます。

感覚というのものはかなり頭とつながりがあり、彼は頭で理解して理想のスイング像を作り上げ、それを具現化するという順序をとります。頭で納得ができなければやろうとしないし、仮にやっても成功しません。感覚に訴えていき、結果的にスイングの形が良くなるという手法をとるのです。もちろんイメージ作りが苦手な人にドリルは大いに有効だし、プロでもドリルを使って練習したほうが効果的な人は多いのです。

丸山プロがゴルフに対する知識を深めたり、上達する瞬間というのは大体が夜の談笑の場であったり、食事のときです。コースや練習場で得るものは十割のうち二、三割。ゴルフの話題を語っていたり、雑誌を読んで私に疑問を投げかけたりしているときに、理想のスイングのヒントを見つけるところがあります。彼もスイングの研究が大好きで、我々二人がスイング論を語り出すと深夜まで止まらないときがあります。

極論すればゴルフ場は前日につかんだヒントを実際に試したり、確認する場でしかありません。多くのプロがもっぱらゴルフ場をスイング追求の場としているのとは大きな違いがあります。二十四時間、頭の中でゴルフをしている丸山プロと、ゴルフ場でしかゴルフをしない選手が勝負をしたのでは、戦う前から勝敗は見えています。

どのプロにも共通することですが、技術の向上には一連の流れがあります。経験や苦労の積み重ねの軌跡といってもいいでしょう。突然の開花、活躍というものはなく、必ずそこには伏線があります。丸山プロに関していえば、二〇〇一年四月に私がコーチとして帯同し、それまで眠っていた部分を覚醒させたことが七月のミルウォーキーオープン優勝につながり、二〇〇二年のプレーヤーズ選手権の健闘が、マスターズ14位、バイロン・ネルソン・クラシック優勝へと昇華しました。2勝目の獲得が確固とした自信を生み、全英オープンでの1打差5位、EMCワールドカップ優勝へと進んで行くことになるのです。

私は丸山プロのすべての試合を見るわけではありません。必要に応じ米国と日本を往復します。二〇〇二年の丸山プロの成績を見ると、私が帯同した試合の数週間後に好成績を出す傾向が見られるのが特徴でした。二〇〇一年の契約一年目は、私の指導力を認めてもらうことが先決だったため、帯同した試合で成果を挙げることを優先しました。だが二年目の二〇〇二年はスイングの長期的な完成を見据えながら、その時点で抱えている修正も並行してできるゆとりがありました。

バイロン・ネルソンの優勝はマスターズに同行した一カ月後の試合であり、全米オープンについて歩いた成果は翌月の全英オープンの活躍に表れました。全米プロ選手権とNEC招待に行ったときは翌週のエアカナダ選手権での優勝争いにつながっています。私が現場にいるから、すぐ良くなるということではありません。スイングをチェックしたり、動きを修正したことが何日かの日数を経て体の奥深くまで浸透し、無意識にできるようになるのです。

パー3ホールでのバーディー奪取率は二〇〇一年の一〇・八%から二〇〇二年は一三・五%と上昇しました。高いボールで飛んで行き、ピンポイントで狙える精度が増した証明でしょう。二〇〇三年はパー4でのスコアアップを一つの数値目標として挙げています。二〇〇二年のウッズのパー4でのバーディー奪取率一八・一%に対し、丸山プロは一六・三%。第1打、第2打をホール攻略に沿った方向に飛ばし、許容範囲内の地点に落とす。それができるようになればバーディーの数は増え、ボギーの数

↑ 全米オープン／USGA（全米ゴルフ協会）主催で、世界最強のゴルファーを決定する試合と目される。狭いフェアウエー、深いラフなど厳しいコースセッティングで知られる

↑ 全米プロ／プロだけが出場できる「プロ世界一決定戦」。例年、八月に開催されるため、選手はコース以外に猛暑との戦いも余儀なくされる

は減ってきます。一歩一歩、ウッズの数字に近づき、追い越していかなければなりません。

丸山プロは常に危機感を持っている

私は丸山プロを子供のときから知っています。けれど、今振り返ってみると、彼のほんの表面の一部分しか見ていなかったという気がします。二〇〇一年から選手とコーチという関係で寝食をともにするようになり、彼を通して一流プロの苛酷さと厳しさを初めて知ることができた思いがします。

丸山プロは常に危機感を持って毎日を送っています。努力を怠ればすかさず下に落とされるという緊張感の中にいます。いっときも現状に満足するわけにいきません。それらの強迫観念に背を押され、連日つらいトレーニングに立ち向かっています。その厳しさに耐えられなければ、そのフィールドから退場させられるだけ。それに加え、彼には日本のゴルフ界を引っ張っていかなければという使命感も背負っています。常人には考えられないストイックな状況に自らを置いています。

「仮にプロゴルファー丸山茂樹に生まれ変わることができたら、あなたは丸山茂樹になるか？」。そう聞かれたとき丸山プロをよく知っている人は全員、辞退することは間違いありません。あまりにも毎日が厳しく、大変なことを知っているからです。彼の生活を端で見ていたら、だれもそのような状況に自ら進んで行きたいと思わないのは当然です。

確かに世界のどこに行っても彼は有名です。トップアスリートとして高く尊敬され、あこがれの的になっています。ジェット機をチャーターして米国中の会場を移動するお金も持っています。成功者であることは間違いありませんが、その「世界の丸山茂樹」を維持するため、どれほどの努力をし、犠牲を払っていることか。

私自身、満足に睡眠をとることができないほどの忙しさの中にいると、ついぼやきも出るときがあります。けれど丸山プロの大変さを考えたら、「まだまだ自分は甘い」と反省させられるのです。丸山プロは丸山プロで、ウッズらに触発され「世界は広い。上には上がいる」という意識でいるのではないでしょうか。彼らは限りなき頂上に向かって歩を進めているのです。

第2章

Chapter 2

トッププロ達とのレッスンの中で

――スイングをメカニカルに考える

小達敏昭

アプローチイップスに悩む

ツアープロと契約を結ぶとき、私は三年間を一つのスパンと考えています。一年目は一種手探りの状態で、互いの考えや意図、狙いを確認し、青写真を作る作業にとりかかります。二年目にスイングの完成形を目指し、三年目に花を咲かせるという手順です。丸山プロのように一年目から花が開いてしまうこともあるし、急いで結果を求めすぎて一年か二年で契約の解消を言ってくる選手もいます。短期的成果を挙げながら、長期的な収穫を狙うのが、コーチの基本姿勢だと思っています。

日大ゴルフ部の先輩である小達敏昭プロが私のところに見えたのは一九九九年一月です。「アプローチイップスになったから、見てほしい」ということでした。「パー

↑
小達敏昭／一九六八年一月、東京都生まれ。日大出。八二年関東学院中3年のとき日本ジュニアに優勝。九一年にプロ転向し、国内ツアー2勝。181センチの長身から繰り出すロングドライブが魅力

オンしなければ必ずボギーになる」という泥沼状態でした。180センチの長身と端正なマスク、女優の故夏目雅子さんの実弟としての話題性も加わりアマ時代から注目を集めていた小達プロが、駆け出しコーチの後輩のところに助けを求めてくるまでには、かなりの逡巡があったことと想像できます。

それ以前の九八年四月の中日クラウンズで久しぶりに話をしたときにもアプローチイップスのことが話題となり、アドバイスを求められたことがありました。「プロを教えているんだって？　それなら今度、オフに行くからスイングを見てよ」という会話を交わしました。そのとき実際に打ってもらったところ、手前をダフってちょっとしか前に飛ばず、びっくりした思いがあります。プロ三年目の一九九三年にヨネックスオープン広島でプレーオフを制してツアー初優勝を挙げ、それ以後も屈指の飛ばし屋として評判を呼んでいましたが、ショートゲームがアキレス腱となっていました。

小達プロが初めてアプローチイップスの兆候を感じたのは、初優勝を飾った翌年の九四年のフジサンケイクラシックだったそうです。優勝争いを演じていた最終日、17番ホールでバンカーにつかまった球を一度で出すことに失敗、腕の動きに硬さを感じたということでした。

決定的だったのは翌九五年の住友VISA太平洋マスターズ三日目の14番ホールで、ピンまで80ヤードほどの所から池に三度入れて11をたたき、二日目の5位から54位と急降下したことでした。私はテレビやゴルフ雑誌などでそれらのことを知ってはいましたが、当時はまだツアープロコーチに自分がなるとは思っていなかったときで、他人事のような感じでそれらを受け止めていた覚えがあります。

それまでのアプローチに対する意識を捨ててもらう

九九年の年明け早々の最初のレッスンは、屋内練習用に使うパターマットの上で、クラブを球に当てる練習から始めました。「構えがめちゃくちゃだ」というのが印象でした。バックスイングはフルショットするほどの大きさで、ニーアクションも大きい。私がアドレスの構えをし、その足の上に小達プロに乗ってもらうと、「こんなに小さく構えるの？」と驚いた表情をしていました。

最初にとりかかった矯正法は、いくらプレッシャーがかかっても絶対にダフらない仕掛けを作ってしまうことでした。まずボールの位置を左足寄りから右足寄りに変え、ボールの近くに立ち、クラブを短く持って、ハンドアップに構えるセットアップに慣れてもらうことでした。そして実際に自分で打ってもらうときは、それまでのアプローチの意識を全部捨ててもらうようにしたのです。少しでも寄せようという気持ちが入ると、元の感覚に戻ってしまいます。まずは球に当てることだけに取り組みました。

私はショットとアプローチは全く別物という認識でレッスンに当たっています。アプローチの際のグリップにしても、私が勧めるのはウイークグリップです。ストロンググリップはボールを遠くに飛ばすための握り方で、遠くに飛ばす必要のないアプローチにはかえって不都合なグリップと考えています。ショットは肩の回転が入りますが、アプローチはアドレスの状態から肩を上下に動かすだけ。左肩を下げてバックスイングし、そのまま右肩を下げてクラブを元に戻します。まさにパットの要領です。シンプルで必要最小限の動きが正確性を生みます。

九九年三月の開幕戦、東建コーポレーションカップの練習日のことは忘れもしません。他のプロと一緒に練習ラウンドをしていた小達プロが、パー4のホールで第2打をグリーンエッジに運びました。

「みんな、オレのアプローチを見ていてよ」

芝がきれいに生え揃い、だれが打ってもチャックリしそうもないライでした。ポンと打って1メートルぐらいに寄せたところ、「すごい。小達さん、イップスが直りましたね！」と、他のプロたちが歓声をあげたのです。

最初、私は何がすごいのかさっぱりわかりませんでした。要は「普通に当たることがすごい」と言っていたわけです。極度にひどかった時期の状態を私は知らないし、小達プロのアプローチの悪い原因、直し方がわかっていましたから、そのとき1メートルに寄せたことは不思議でも何でもない、当然のことと思っていたのです。

イップスは一〇〇%、技術の問題

レッスンを始めて半年ほどたったとき小達プロから打ち明けられたのは、私から「打ち方が根本的に間違っている」と指摘され、すごくホッとしたということでした。それまで小達プロは優勝争いをしていて終盤で崩れたり、アプローチを失敗するのは、精神面の弱さが原因ではないかと悩んでいたということでした。

「自分は精神的にゴルフに向いていないのではないか」

「自分の心や気持ちが、戦うことを仕事とする勝負師に適していないのではないか」

そう周りからも言われることで、本人は深刻に考えていたそうです。ところが私に、打ち方の間違えが原因と言われ、「なんだ、ヘタなだけだったんだ」と気が楽になったということでした。

日本人というのは精神論を語るのが好きなところがあります。イップスに関しても、精神面からとらえようとする向きが多いようです。だが、私が米国で学んだデーブ・ペルツというショートゲームで世界一といわれるティーチングプロは「イップスは一〇〇%、技術の問題」と述べています。私も「イップスになった」と言っている人で、打ち方の良い人は見たことがありません。

メンタルトレーナーの岡本正善さんが、「どんなに精神状態を良くしても打ち方が間違っていたら、その人の技術の問題は解決しない」と言っています。つまりメンタルトレーニングをして成功したという人は、技術がもともとそれなりにあったということです。どんなにメンタルトレーニングをしても、ヘタはヘタ。技術的にうまくなることはないのです。

今思うと、小達プロは少々アバウトになりすぎていたということです。彼は子供のころからゴルフをしています。八二年の中学三年で日本ジュニア、高校二年のときは関東ジュニアで優勝するなど、トップクラスの腕前でした。言ってみればどんな格好からでもうまくボールを打つことができる人です。極論すれば、後ろを向いていたってボールに当てることができます。いいときの打ち方とおかしな打ち方のときも、ほとんど同じ結果を出すことができます。

何をやっても当たっていた人がある日突然、許容範囲を超えた瞬間に襲われるのがイップスなのです。アジャストできる範囲を踏み出たことで全然当たらなくなります。ジュニア出身者にイップスが多いのはそのためです。感性でゴルフをやっていて、理論付けしたシンプルなゴルフをしていないから陥るワナといえます。アドレス、スイングなどを第三者の視点で判断できる人は、イップスまで症状が進むことはありません。

二〇〇一年ＪＣＢクラシック仙台で復活優勝

米ツアーにクリス・ディマルコという選手がいます。普通のパターを長尺パターを持つように握るため〝クロウグリップ〟と呼ばれる変則グリップが特徴の選手です。彼はもともとはオーソドックスな握り方で、パットの名手でした。ところがある日突然、イップスになりパットが入らなくなったそうです。一時はツアープロ生活から撤退し、大学でゴルフ部のコーチをしていたこともあったといわれています。

そこで頭の中を整理してパットの打ち方を研究し、理論化に努めたということです。その結果が独特のグリップの誕生となり、二〇〇一年の平均パット数が12位の1・734、二〇〇二年が8位の1・730という数字となって表れました。イップスを克服した人は、以前より上手になっていることは間違いありません。感性だけでやっていたことに理論武装を施し、形づけることによって、確実性が加わるためです。悩んだとき、迷ったとき、羅針盤の役を果たす理論は心強い存在になります。

小達プロの九九年の成績は前年の賞金ランク61位から49位に上昇。二〇〇〇年は34

↑アプローチイップスを克服し、二〇〇一年JCBクラシックで八年ぶりの優勝を遂げた小達プロ（写真提供・共同通信社）

位まで上がりました。その年の住建産業オープン広島では最終日最終組で回り3位。住友VISA太平洋で5位、フジサンケイで6位に入るなど、優勝争いに顔を出すたびに少しずつ自信を取り戻しました。

そして二〇〇一年のJCBクラシック仙台です。激しく競り合った末、八年ぶりの優勝を飾ることができました。最終日には6番のパー3ホールでピンまで10ヤードのグリーン右ラフからのアプローチをチップインバーディーとする美技まで見せてくれました。その後の再三のピンチも小技でリカバリーし、2位に2打差の逃げ切り勝ち。必死で取り組んだアプローチが勝利の女神を招いてくれました。表彰式で「グリップ、スタンスなど自分の九割を変えた。初優勝みたいにうれしい」と喜んでくれたときは、我が事のようにうれしく思いました。

　現在はアプローチだけに限らず、ショット全般を見ています。もともと小達プロはきれいなスイングの持ち主です。一年ほど前、私は世界的に著名なティーチングプロ、デービッド・レッドベターとゴルフ雑誌の企画で対談したことがあります。そのとき「だれが日本のベストスインガーか」と聞いたところ、返ってきた答えは「オダテ選手」でした。私が小達プロのコーチをしているということを彼は知りません。三、四年前に一度、小達プロをレッスンしたことがあり、名前を覚えていたようです。

　小達プロは非常に器用な選手です。運動神経が良いため、教えたことがすぐにできてしまいます。それだけに若干、日替わりスイングになるところがあります。瞬発的な筋力を持っている人の特徴なのかもしれません。ウッズも結構、スイングが変わります。そういう意味で二人は似ているところがあります。不器用な人は覚えるまで時間がかかりますが、一度覚えたら継続性があります。小達プロの今後の課題は、完全に自分のものにするという持続性ではないかと思います。

　飛ばし屋である小達プロクラスのヘッドスピードになると、シャフト一本の軌道のズレ、フェース1度の狂いが大けがにつながります。そのシャフト一本、フェース1度の狂いをなくすのが、私たちの目標です。ウッズが「グリーン上でパットをするときは最高度に集中し、それ以外は機械になる」と言っています。要はグリーン上以外は感情を入れないということ。そういうゴルフができれば、小達プロは第一級の選手に定着できると思います。体とクラブの動きを同調させるためクロスハンドグリップで打ったり、前傾角度を保つことを目的として短いシャフトのクラブを打ったりと、スイングの再現性を高めるため地道なドリルを重ねています。

矢野東

感性ゴルフをいかに理論化したか

私が日大ゴルフ部を出ている流れで、矢野東プロは日大卒業後の二〇〇〇年から私のコーチを受けるようになりました。彼は近藤智弘（専大出）、星野英正（東北福祉大出）両プロと同期で、三人は学生時代からよく比較されてきました。九八年に朝日杯全日本学生選手権と関東アマ、九八、九九年に全日本学生王座決定戦に勝つなど、学生時代の実績はかなりのものです。

プロ入りした当初、彼の最大の難点は体の線の細さでした。卒業したころは176センチの身長に対し体重が60キロと、スポーツを職業としようとする者の体ではありませんでした。学生時代、筋トレの方法を知らず、ほとんど体力強化に時間を割くことはなかったということです。体幹がしっかりしていなければ、スイングのときに体が暴れ、スイング軌道も乱れます。高いアジャスト能力でインパクトポイントでの狂いを小さくし、そこそこの球を打っていましたが、アドレスからテークバック、ダウンスイングとオンプレーンにクラブが通り、ピタリとインパクトポイントに戻ってくるほうがより安定することは間違いありません。スイングの再現性が高まれば、シーズンを通してのフェアウエーキープ率、パーオン率などもおのずと上がってきま

↑
矢野東／一九七七年七月、群馬県生まれ。日大時代、朝日杯全日本学生や文部大臣杯全日本学生王座決定戦などに優勝。二〇〇〇年にプロ転向。二〇〇一年にチャレンジツアーで2勝するなど、パットのうまさに定評がある

↑
地道な練習で感性ゴルフから再現性の高いスイングへ。矢野東プロ

す。

最初は体作りとスイング作りを並行して進めました。彼によると「食べて太って、動いて絞って」を繰り返し、プロになって6キロほど体重が増えたということです。スイングに関しては、体とクラブの一体感を増すドリルを相当やってもらいました。「学生時代は自己流のアマチュアスイングで、感性、感覚だけでゴルフをやっていた」ということでしたので、理論と形作りを重視しました。派手めな風貌から誤解されることが多いですが、彼は地道な練習をコツコツこなすタイプで、何時間でも単調なドリルを楽しむ才能を持っています。

運動神経も抜群です。これがアジャスト能力の高さに通じているのだと思われます。プロゴルファーにはゴルフ以外のスポーツをするとびっくりするほど下手な人が少なくありません。ゴルフに必要な能力と他のスポーツに必要な能力が違うためです。しかし、矢野プロは野球をしてもサッカーをしても見事なプレーを演じることができ、仮にそちらの道を選んでもかなりの選手になることを予感させるところがあります。これまでのゴルフ界には珍しいタイプです。

パットの素晴らしさは一級品です。初めて彼を見たとき、パットのうまさに驚きました。奇妙な打ち方をしながら最後につじつまを合わせてパットを入れる人がよくいますが、彼の場合は理に基づいたオーソドックスな打ち方で、球の回転も素直です。米ツアーにローレン・ロバーツというパターの上手なベテラン選手がいますが、ロバーツ的なうまさがあり、一生、パットで悩むことはないのではと思わせるところがあります。学生時代、パットでスコアを作っていただけに、ショットにあまり重きが置かれていなかったのだと思われます。

プロ二年目の二〇〇一年に下部ツアーであるチャレンジカップで2勝し、同ツアー賞金ランク3位の権利でレギュラーツアーの出場権を獲得しました。二〇〇二年は22試合に出て賞金ランク60位でシード権をつかむなど年々、順調な成長を見せています。そろそろ大きな結果を出すのではと期待しています。

平塚哲二

「強くて、柔らかい」理想的な体を持つ選手

平塚哲二プロを初めて見たのは九八年のグローイングツアー（現チャレンジツアー）の試合です。「ずいぶん思い切りの良い選手だな」というのが印象でした。体が柔らかく、バネもあります。瞬発力もピカイチ。素材的には最高の選手です。「才能、将来性は高い。きっと大きく伸びる選手だ。ぜひ手がけてみたい」とうらやましい思いで見ていたら、しばらくして彼のほうから「レッスンしてほしいのでお願いします」と言ってきました。普通、プロはどこそこの部分を直してほしいと具体的に話を持ちかけてきます。「アマチュアのような依頼だな」とちょっぴり面白く感じたのと同時に、なんとしても成功させなければと気の引き締まる思いをしました。最初はワンポイントのレッスンだけでしたが、途中から年間通してのフル契約になりました。

↑平塚哲二／一九七一年十一月、京都府生まれ。日体大出。10歳からゴルフを始め、平安高2年のとき関西ジュニアで優勝。九四年にプロ転向。ツアー競技ではないものの九六年から3年連続、京都・滋賀オープンで優勝

友人のプロスキーヤーによると、体の断面図を撮ったとき、真ん丸に近い体の選手ほど大きく伸びるということです。筋肉の付き方や内臓の位置で、強い選手ほど体は円に近くなるということです。食の細い人や内臓の弱い人は、体の断面が平たくなり、単に太っている人は体の前部が出ているだけ。その点、平塚プロは幹の太さを感じさせる体つきをしています。体の線が細いとどうしても体幹がずれやすくなります。身長はかなり違いますが、ウッズにしても断面は円に近いはずです。

平塚プロはがっしりした体をしたうえ柔軟性があります。彼ほど股関節と肩甲骨に柔らかさのある選手はそうそういません。いわゆる「強くて、柔らかい体」ということになります。強いだけの筋肉では動作に固さが出てきますし、故障しやすかったりします。柔らかいだけだと、スイングがきれいなのにもかかわらず球が飛ばない当たり負けをしたり、ラフに弱かったりします。ゴルフの場合、強さと柔らかさを両立させなければなりません。日本人選手は欧米の選手に比べおしなべて強さが足りませんが、平塚プロはこの両方を備えています。

これからの課題はもっとショットの精度を上げることです。これまでの日本のゴルフはいい球を打つことに熱心でしたが、精度を上げる練習はほとんどなされてきませ

↑ショットの精度が上がり順調な成長を見せる平塚哲二プロ（写真提供・共同通信社）

んでした。平塚プロの場合も、そこそこのインパクトポイントに戻ってはきますが、世界的なレベルと比較するとテークバックやトップの位置に雑な部分があります。コンパクトなトップにし始めたころ飛距離が落ちたことがありましたが、新しいスイングに慣れるに従って飛距離も戻りました。今はかなりいいポジションのトップに納まり、きれいに振り抜けるようになっています。

京都・平安高二年のときに関西ジュニアで優勝。九四年のプロ入り後、アジアンツアーで修業し、九六年から後援競技の京都・滋賀オープンで3連勝の実績を持っています。これまで特に大きな悩みもなくシード入りし、私が本格的に見始めた二〇〇一年は賞金ランク32位、二〇〇二年は28位と順調な成長を見せています。

二〇〇二年シーズンは二度、最終日最終組のラウンドを経験しました。しかし、住建産業オープン広島のときのように最終日にショットの安定性を欠き、ノーバーディーの77と崩れて単独首位から10位に沈むなど、優勝を狙える位置に来たときになかなかスコアを伸ばしきれないところがあります。試合中に同伴競技者のゴルフを見て、それによって自分のゴルフが影響されてしまうところがあるのです。「自分は自分」といった確固とした気持ちを持つことができれば、大詰めの戦い方も変わってくると思います。

二〇〇三年は五月のフジサンケイクラシックで2位の活躍などを見せ、序盤はユニシスポイントのトップに立ちました。ユニシスポイントとは平均スコア、平均パット、パーオン率、フェアウエーキープ率など九部門の順位をポイント換算したもので、総合的に優れたプレーヤーを示す指数です。ドライバーショットは飛ばし屋の部類に入り、アイアンも正確。ショートゲームも無難にこなすなど穴の少ないオールラウンドプレーヤーです。当然ボギーも少なく、将来、賞金王にもなることができる素材だと思っています。

小林正則

日本最高級のオンラインプレーヤーになる可能性

小林正則プロのプレーを初めて見たときの感想は「ものすごく飛ばす選手だな」というものでした。ルーキーとして試合に出始めた九九年のことです。186センチの長身をフルに生かしたロングアイアンの高い弾道とドライバーの飛距離は、日本人離れした魅力を持っていました。

当然ながらその年はシード権がなく、推薦をもらいながらの参戦でした。最高に出場できても6試合が限度です。その6試合すべてで決勝ラウンドに進出し、3位に二度入りました。賞金ランクはシード入り（その年は68位まで）にあとわずかの70位。

「超大物だな。すごい新人が出てきたよ」

そんな話を、私が契約しているプロたちと交わした記憶があります。

しかし、二〇〇〇年になって、彼のゴルフのスケールはどんどん小さくなっていき

➡小林正則／一九七六年二月、千葉県生まれ。日大出。186センチの長身を生かした長打力が売り物。日大4年のとき、米・フロリダのミニツアーで腕を磨く。九八年にプロ転向し、二〇〇〇年にチャレンジツアーで2勝

ました。私と契約はしていませんでしたが、期待していた選手だったので気にかけて見ていました。「曲げてはいけない」という意識が強すぎたのです。わずかなミスが、飛ばし屋ゆえに大きなケガにつながることが少なくありません。OBを避け、「とにかくフェアウエーに」という委縮したゴルフになることで、デビューした当時の伸びやかさが消えていました。低いスライスボールばかりで、飛距離は落ち、スイングも崩れていました。

そんなひどいゴルフの中でも久光製薬KBCチャレンジ、PRGR・CUP関西とチャレンジツアーで2勝し、同ツアー賞金トップの資格で翌年のレギュラーツアーのシード権を獲得するあたりは、ポテンシャルの高さがうかがえました。

彼とコーチ契約を結んだのは二〇〇一年です。二〇〇〇年のスイングの崩れを知ってはいましたが、私としては彼のルーキー時代の非凡さが頭にこびりついていました。長期的な視野で、世界に通用する本格的なスイングを築き上げたいという願望を強く持っていました。一、二年目に土台作りをし、三年目の開花を青写真に描いて指導にあたるのが普通ですが、彼の場合はいきなり高いステージでのスイング改造からとりかかりました。ポテンシャルの高さを考えると目先の改造にとらわれず、根本的なスイング改造に取り組んだほうが良いように思われたからです。

一年一年が勝負のプロゴルファーは、その年その年の成果を求めたくなります。小林プロとしては、崩れてしまったスイングの修正を優先的に進めたかったかもしれません。普通は私も応急処置的な作業と、理想に向けてのスイング作りを並行していきます。契約一年目の賞金ランクが前年より落ちたのでは、インストラクターとしての腕を疑問視され、信用をなくしてしまうからです。

日本でも数少ないベストボールストライカー

しかし、小林プロに関してはあえて冒険をしました。最初、彼は自分の出球とのイメージが合わず、戸惑いの表情を見せることが少なくありませんでした。覚悟していたとはいえスコアには結びつかず、二〇〇一年は賞金ランク１０３位、六百五十万円ほどの稼ぎで終わってしまいました。二〇〇〇年のように低いスライス球を打っていれば、悪いスイングながらも、とにかくシード権は獲得していたかもしれません。小林プロにとっても私にとっても、二〇〇一年は苦しいシーズンでした。

改造に一応のメドがついたのが、その年の十一月です。「（翌年の出場順位を決める）予選会に間に合って良かった」と小林プロが安堵の表情を浮かべていたのが印象的でした。実際、シーズン終了後の予選会は好調で8位に入り、二〇〇二年は安定した成績を続けシード権を獲得しました。二〇〇三年はリランキングの心配もなく、思い切り暴れることができます。ブレークする下準備はしてきたつもりです。

↑日本でも数少ない素晴らしいスイングの持ち主、小林正則プロ

彼のスイングの素晴らしさは、手の位置が低く、インパクトでアドレス時のシャフトプレーンにピタリと手が戻ることです。いわゆる「オンラインプレーヤー」「ベストボールストライカー」と呼ばれるタイプです。初めて見たときから小林プロは、前傾角度が変わらずにインパクトで手が低い位置に戻るタイプでした。

現在、日本のシード選手でシャフトプレーンにきれいに戻る選手といえば十人か十五人に一人ぐらいの割合でしかいません。片山晋呉、谷口徹、細川和彦、今野康晴の各プロあたりが代表的で、大多数のプロがシャフトプレーンの上を通るスイングをしています。欧米の歴代選手ではベン・ホーガン、リー・トレビノ、トム・カイト、ニック・プライスといったところが、驚くほどの精緻さで元の構えたところにクラブを戻しています。

平均的な日本人選手の弱点は上背のなさです。欧米で理想とされるオンラインプレーヤーも、日本人選手にとって必ずしも理想的と言い切れないのは、その上背のなさに起因しています。スイング軌道がフラットになるため、球が上がらない、ラフに弱いといったデメリットが出てくるからです。

ところが、身長が高く、リーチの長い小林プロは、真上からクラブをストンと落とす感じで打つことができます。球は浮き、ラフに負けることがありません。体が硬いなどといった欠点を持ちますが、日本最高級のオンラインプレーヤーになる可能性を秘めています。

有数の飛ばし屋の彼にこれから期待することは、もっと豪快さを前面に出してほしいことです。平均的な270ヤードほどの距離でいつもフェアウエーをキープし、2

バーディー、ノーボギーといったような手堅さを主体にしたゴルフは彼らしくありません。同じ2アンダーでも、8バーディー、6ボギーのゴルフを期待します。バーディーを数多くとることができるのが彼の長所です。その6ボギーを2ボギーなり3ボギーに抑えるゴルフを目指してほしいのです。幸いにして、彼はバンカーショットやロブショットなど小技を器用にこなします。フェアウエーキープ率にこだわらず、大きなゴルフを展開してもらいたいものです。

私たちコーチはただ単に選手を上手にするだけが務めではありません。選手個々のカラーを引き出し、ギャラリーやテレビを見ている人に楽しんでもらえるようにしなければいけません。どんどん攻めて、ピンチをしのぐ——これが小林プロの魅力です。ウッズもミケルソンも驚くほど球を左右に曲げます。しかし、信じられないようなリカバリーショットでパーやバーディーにつなげます。そこが一流選手と並の選手の差になっています。「タイガーといえども同じ人間。自分もできるはず」。小林プロにはそれくらいのずうずうしさを持ってほしいと思っています。それにはもっとショートゲームを磨き、どこで攻めてどこで耐えるかのコースマネジメントを養う必要があります。

伊藤涼太

ゴルフの完成度はタイガーの幼少期以上

伊藤涼太君のスイングは、彼が小学四年生だった二〇〇〇年四月に初めて見ました。三重県鈴鹿市でゴルフ練習場を経営している父親の秀昭さんの指導で、小学一年のときに本格的にゴルフを始めたということです。初めて紹介されて彼のスイングを見たとき、「直すところがない」となってしまうほどのうまさでした。女性用を短く切ったドライバーを鮮やかに操っていました。

案の定、その数カ月後に米サンディエゴで開かれた世界ジュニア選手権九—十歳の部で、体格が全然違う欧米の選手を相手に2位に7打差をつけて優勝。「やっぱりな。あの実力なら当然」と納得したものでした。後日談ですが、タイガー・ウッズのジュニア時代のコーチ、ジョン・アンセルモに「ゴルフの完成度はタイガーの幼少期以上」

↑伊藤涼太／一九九〇年七月、三重県生まれ。二〇〇三年四月から鈴鹿市立白鳥中に在学。小学2年でジュニアの大会にデビュー。小学4年だった二〇〇〇年、米国で開かれた世界ジュニア9—10歳の部で優勝。二〇〇二年、最年少記録の12歳で男子プロツアー、ジョージア東海クラシックに出場

と言われたということです。
二〇〇二年七月にはアマチュアゴルフ最高峰の日本アマ選手権に出場し、150人中69位。十月には男子プロゴルフツアーのジョージア東海クラシックの予選会を制し、それまでのプロツアーの最年少記録を三歳更新する十二歳で出場しています。その大会は通算19オーバーで予選落ちしましたが、時折250ヤードを超すロングドライブを放ったり、チップインバーディーを決めたりと、プロ顔負けのプレーを披露していました。同年十一月には日本ゴルフ協会（JGA）のハンディキャップが0になりました。丸山、伊沢両プロが目標で、将来はウッズにも勝ちたいと言っています。

↑世界ジュニアを制した伊藤涼太君。二十歳で大成を目指す

結果にこだわらず将来を見据えた指導を

骨格など身体が発展途上の子供を教えるとき最も注意しなければならないのは、現在の結果にこだわらず、将来を見据えた指導をしなければいけないことです。飛距離を求めすぎて、あるべきスイングの姿を崩してはなりません。三重県から涼太君が父親とともに、私のレッスンを受けに東京へ見えることがあります。私としても焦る気持ちを抑え、できる限り細かなことは言わないようにしています。普段は父親の秀昭さんが見ているため、私が会うときは今後に向けた練習方法を相談したり確認する作業が主で、その場でのレッスンはスイングをチェックする程度にとどめています。

スイングの完成のメドは二十歳くらいに置いています。だいたい高校卒業あたりで骨格が固まってくるからです。かつてはいくら優秀な子でも二十五歳くらいでの完成を目指すのが一般的でした。しかし、今はその目標がどんどん低年齢化しています。米国のタイ・トライオンは十七歳でプロデビューし、二〇〇二年のカシオワールドオープンには現役高校生プロとして来日しました。二〇〇二年の中日クラウンズを二十一歳で制したジャスティン・ローズ（英国）も十七歳でプロ転向。若手トッププロとして活躍中のセルヒオ・ガルシア（スペイン）、アーロン・バデリー（豪州）は十九歳でプロ入りです。ウッズにしてもプロ宣言したのは二十歳のときです。世界の潮流は二十歳でプロとしての力量を求める時代となっています。

日本でも丸山プロや宮里優作プロのように、二十歳そこそこでプロと互角に戦う実力を持つ選手はいました。しかしアマチュア時代の彼らは大学生としての参戦で、気持ち的、感覚的にプロで稼ぐという強さまでは持っていませんでした。世界のプロゴルフ界の若年化に合わせて、涼太君も二十歳で仕上がってほしいというのが私の希望です。

もっとも、涼太君が将来もとんとん拍子に上達するという保証はありません。ときには進歩の具合が目に見えないことでジレンマに陥ったり、スランプに苦しむことがあるはずです。現に一時期、体形の変化によってスイングが乱れたことがありました。子供のスイングから大人のスイングに移行しなければならないのはジュニアの宿命ですが、腕の力がついたことで手だけでクラブを振る時期がありました。腕の力がなく、重いクラブに振り回されている感じのときのほうが、むしろスイング的には良い場合があります。球の当て方がそこそこわかってきたことで、無意識にスイングプレーンの下からクラブが入り、一時よく球が曲がったことがありました。

子供というのは脚力は弱いが、素晴らしいバネを持ち、柔軟性に富んでいます。バランス感覚も大人よりはるかに優れています。そのバネと柔軟性とバランス感覚で、どんなに悪いスイングで打っても見事にボールを芯でとらえ、ナイスショットに変えてしまいます。実はそこに大きな危険性が潜んでいます。

子供時代に重心のポジションや立ち方、足の動きなどに悪いクセをつけると、大人になっても致命的な欠陥として残ってしまいます。子供時代に身についた、誤ったスイングに悩むプロをどれほど多く見てきたことか。その二の舞いをこれからの子供たちにさせてはいけません。逆にいえば、子供のとき正しい動きを身につけさせればそれがクセとして定着し、将来、悪い動きへと変わりようがないわけです。

「ゴルフを教えることが好きだから」ということで、子供たちにゴルフを教えている方がいます。野球、サッカーなどでもそうですが、生兵法ほど危険であり、怖いものはありません。子供を相手にするときは、大人の何倍も神経を使わなければなりません。大人の場合すでにスイングが固まり、クセができてしまっているため、何を言ってもあまり変わらないところがあります。十のことを言って二つ、三つできれば上等です。ところが子供は言われたことがすぐできてしまいます。もし間違ったことを子供たちに教えたときは大変なことになります。

ウッズは最初こそ父親に教わっていましたが、中学、高校、大学と成長に合わせ、その段階、その段階でUSPGAの資格を持ったコーチから適切な指導を受け、現在のブッチ・ハーモンへとつながっています。セルヒオ・ガルシアはプロゴルファーの父親の英才教育で早くに開花しました。スーパースターが生まれる背景には、子供に才能とやる気があり、なおかつ素晴らしい指導者と恵まれた環境が必要なのです。

日本は米国に比べ、ゴルフ場が遠隔地にあるなど環境的な不便さもありますが、ティーチング側の人材とノウハウの乏しさが大きな問題として存在しています。十年後、日本はかなり改善されているでしょうが、米国も同じくらい、あるいはそれ以上に進んでいるかもしれません。そのギャップを埋めるのは非常に厳しいことです。

第3章

Chapter 3

内藤流最新スイング理論

——間違いだらけの日本のレッスン

スイングは自然体で合理的、そしてシンプルでリズム良く

ゴルフの道具は年々変わっています。この百年でシャフトの材質は大きく分けて、ヒッコリーからスチールに変わり、カーボンとなりました。ヘッドは二十年の間にパーシモンからメタル、チタンへと変遷。この十年間だけを見ても、クラブの性能は目を見張るほどの進化を続けています。「より遠くへ、より易しく」をうたい文句に、各メーカーのギアの開発競争はとどまるところを知らずにしのぎを削っています。

ゴルフ理論はまず「道具ありき」です。スイング理論があって、道具が作られるわけではありません。道具をいかに有効に、どう上手に振るかが、ゴルフ理論の最大のテーマといって過言ではありません。私たちインストラクターがクラブについて研究し、クラブデザイナーに話を聞くのは、新しいクラブの機能をできるだけ勉強し、性能、特性を知るためです。道具が変われば、おのずとスイング理論も変わる。常にクラブに合ったスイング理論を見つけ出さなければ、私たちは過去しか知らない浦島太郎となってしまいます。道具の進化に対応できず、実力があるにもかかわらず消えて

いったプレーヤーは少なくありません。

それにしても日本のゴルフ界には古めかしい理論や間違ったレッスンがなんと多く残っているのでしょう。パーシモン時代の理論や日本だけに流布している理屈に合わない迷信めいたことが、もっともらしく語り継がれています。クラブヘッドの大型化に合わせ、スイートスポットは大きくなりました。サイドスピンは減り、高反発となって打ちやすさがぐっと増しています。現在は大きな筋肉を使い、ロボットが打つようなシンプルさと正確さが求められる時代となっています。

米国の若手のゴルファーがみな体を鍛え、食事に意識を向けるようになっているのは、優れた身体能力を有効に使えるゴルフ道具とスイング理論が当たり前になっているからです。テニスを見るとそのあたりの事情がよく理解できます。昔の木枠のラケットから、軽くてスイートスポットの広いカーボンのデカラケになり、プレースタイルが一変しました。トッププロの世界は、強力なサーブ力のある選手がずらりと上位を占めるようになっています。極論すれば技術より体力勝負です。同様にゴルファーの世界もアスリートの色彩が濃くなっています。

私のスイング理論の基本は、自然体で合理的、そしてシンプルでリズム良く、です。

「良いゴルフは数少ない基本の上に立っている」（ベン・ホーガン）。その流れに沿って主なものを紹介していきます。

グリップ

ストロンググリップの勧め

日本の一般的な男性アマチュアゴルファーが二十人いると、間違いなく十五人はスライスボールを打ちます。その大多数の人に共通しているクラブフェースの向きはオープンフェースであり、スイング軌道はアウトサイド・インのカット打ちです。7番アイアンのロフト角が9番アイアンのロフト角になってしまうため、番手通りの距離が出ません。オープンフェースとアウトサイド・インはスイング作りの中で絶対に直さなければならない現象です。

大半の原因はグリップにあります。左手の親指がシャフトの真上にあり、左手甲はほぼターゲット方向を向くウイークかスクエアグリップになっています。レッスン書などには左手甲のナックルが上から見て一個か二個と書いてある握り方です。これだと右肩が前に出て右腕がかなり高くなるので、バックスイングでインサイドに上げるしかなくカット打ちとなります。ウイークグリップは文字通り「弱い」グリップという意味で、フェースが開き、当たり負けしやすいのです。

　これまで日本でウイークグリップがはやってきたのは、道具のせいです。つかまりの悪いクラブで、飛ばないボールを打つのだから、プレーヤーは強くたたかなければなりません。そのようなスイングをしても球が左に大きく曲がらない方法論としてウイークグリップが定着しました。

　最近、米国ではストロンググリップが主流です。ストロンググリップの大きなメリットは二つあります。一つは握ったときに左腕と右腕の高さが同じになることです。クラブはフェースがスクエアの状態で上が

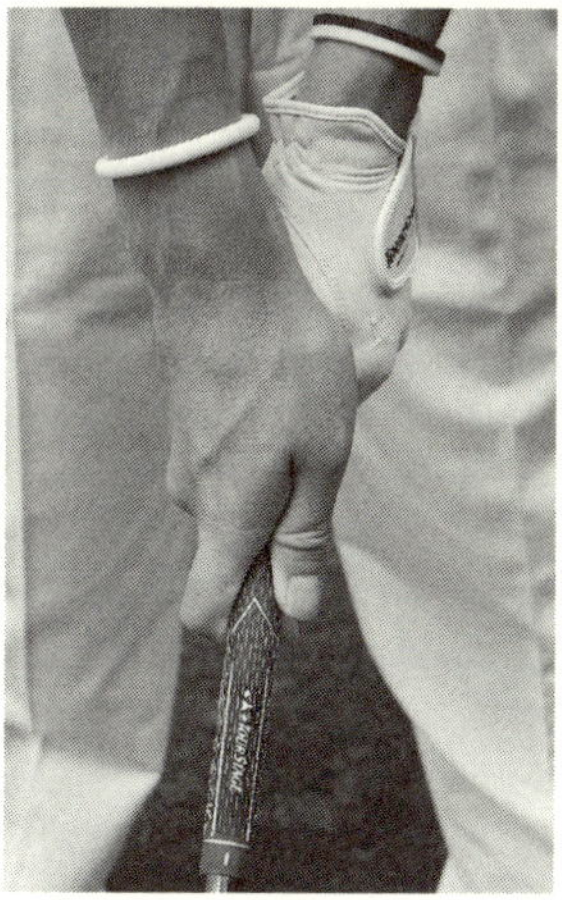

↑ウイークグリップ／文字通り「弱い」グリップという意味で、フェースが開き、当たり負けしやすい

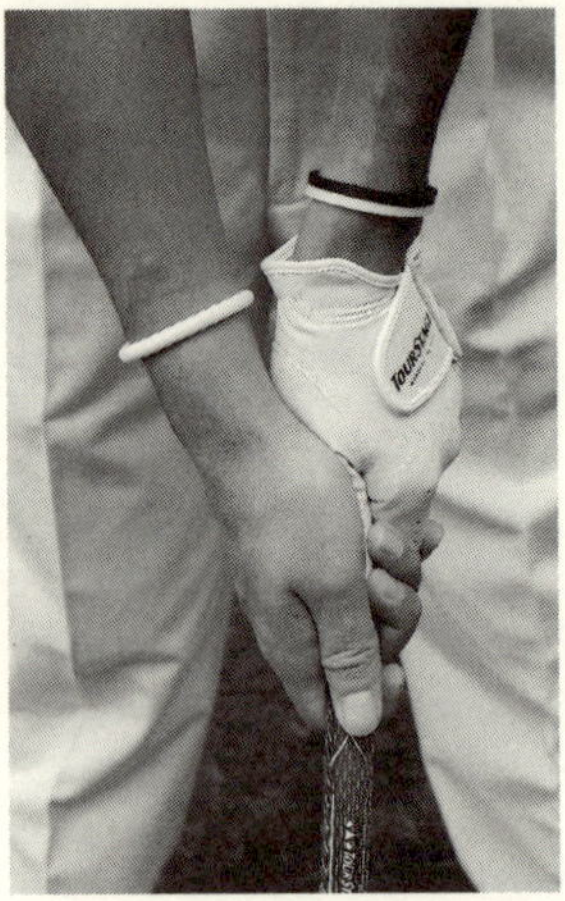

ストロンググリップ／ボールをしっかりとらえて、強いインパクトを作ることができる

っていく。ウッズも両ひじの高さのチェックは念入りに行っています。もう一つの長所は、ボールをしっかりとらえて、強いインパクトを作ることができることです。私もアマチュアの方のスライスボールを矯正するとき、このストロンググリップを勧めています。

とはいえ各人の手の大きさなどによって、どれがウイークかストロングか一概に言えないところがあります。また体形や体力、球筋によってウイークが適している人、ストロングがしっくりくる人と様々おり、自分に合ったグリップを決めることは非常に難しいのです。私たちが指導するときは、ストロングすぎる状態から少しずつウイークに変え、自分の適したグリップを見つけるようにするのが一般的です。

グリップで悩んでいる人はいっそのこと、グリップにあまり意識を持っていかないことも一つの考えです。自分にとって最も自然なグリップが自分の形、と大ざっぱに

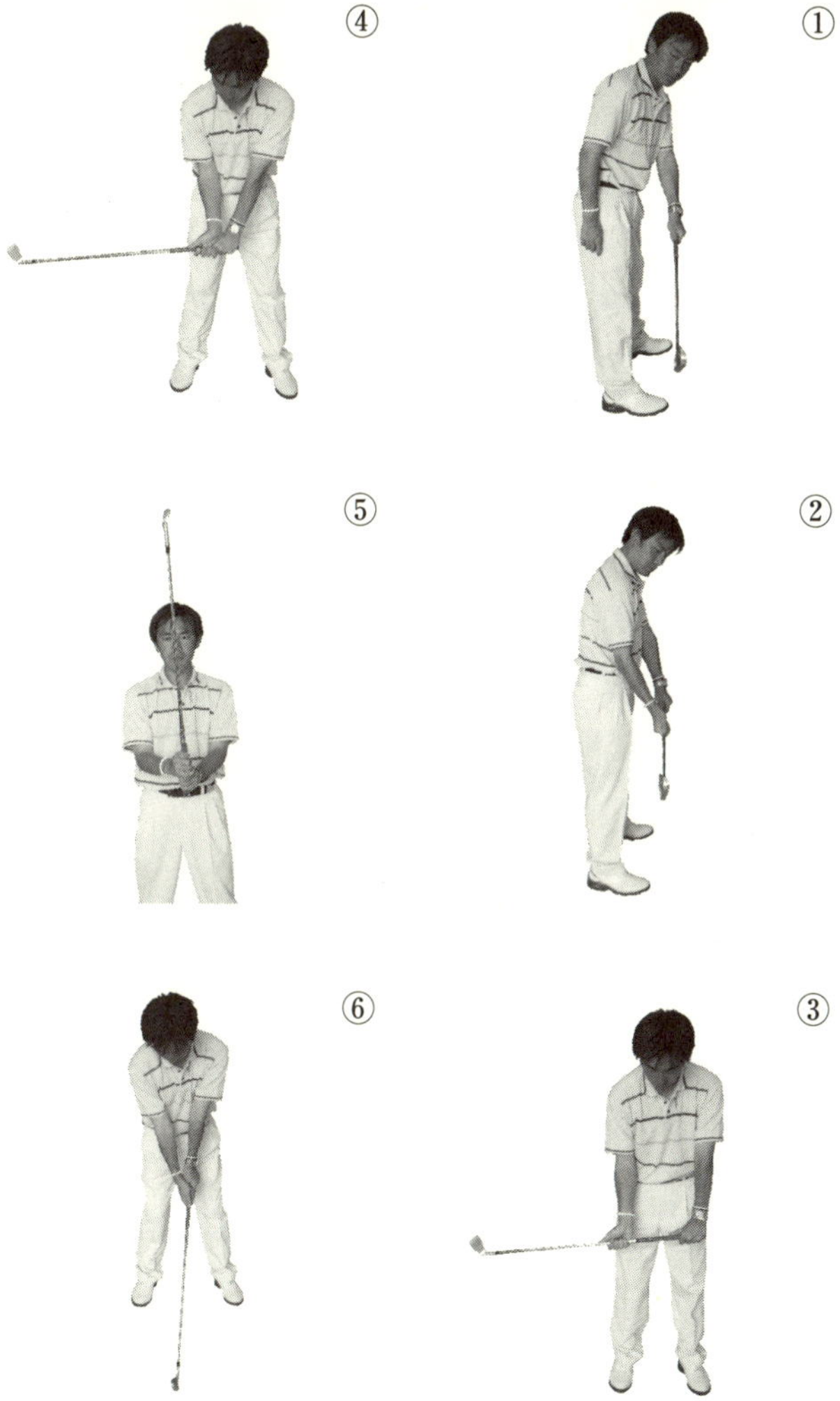

↑正しいグリップの握り方／クラブヘッドのフェースの向きを自分の前傾姿勢の背骨の傾きと合わせる。左手の親指がグリップの真上に来るように握り、右手を少し離してシャフトを支えながらフェースの向きを確認する。そのまま、右手を左手に合わせれば、各自に合ったストロンググリップが完成

考えるのです。いかにバランス良くクラブを振るかを第一に考え、グリップのことは二の次としてとらえるのです。

私はアマチュアの方に直径4、5センチの極太グリップのクラブを振ってもらうことがあります。狙いはずばり、グリップに対する意識過剰をなくすことです。極太グリップだとフィンガーグリップにしようがパームグリップにしようが、どちらも小さなことと思えてきます。ナックルの数をいくつにしよう、親指と人さし指で作るVの字は右肩を向いていなければなどといった考えも消えてきます。クラブを振っている最中に一番しっくりくるグリップが、その人に向いているグリップだということがいえるのです。

理想的なグリップは両手のひらで挟むイメージ

「グリップの強さは両手で小鳥を包み込むように優しく」という人がいる一方で、「当たり負けしないように、できるだけ強く握るように」という人もいます。グリップププレッシャー（握る力加減）ひとつとっても様々な見方があります。

私の意見は、ゆるゆるでもいけないし、指先が白くなるほど強く握ってもいけないというものです。体の骨格と動きに合ったバランスで、クラブをコントロールできる強さということになります。両手をギュッと強く握りしめた状態を10とし、クラブが抜け落ちる状態を0とすれば、その中間の5の強さで握ります。スイングの途中でグリッププレッシャーが変わると体の動きに影響が出て、ヘッドの軌道が狂います。アドレスからフィニッシュまで一定のプレッシャーで握ることが大切です。

↑理想的なグリップは、両方の手のひらを開いたままグリップの部分を挟みつけるイメージの持ち方

一番いけないことは指先に力を入れることです。指先で握ると腕が硬直し、バランスが悪くなります。「しっかり握るのは左手の親指側か小指側か」と二者択一を迫られたら、私も小指側の三本指と答えます。しかしできるだけ指先の意識はなくしたい。勝手に締まっている状態がいいでしょ

う。

以前、丸山プロから「タイガーが指先で持てと言っているが、どういう意味だろう?」と聞かれたことがあります。最初は私もどのような意味で言っているのかわかりませんでしたが、指先をグリップ部分に強く押しつけず、右手と左手で挟みながら指でやさしく包み込む感じで触れるようにと言っているのだ、と解釈しました。

私が思う理想的なグリップは、両方の手のひらを開いたままグリップの部分を挟みつけるイメージの持ち方です。握るのではなく、両方から押さえる感覚です。実際問題として両手で挟むだけでバックスイングが難しければ、左小指と右人さし指で軽く支えてクラブを右肩に持っていきます。手とクラブ(グリップ部分)の接触面積を広げるのが目的です。手首の無駄な動きを抑え、体とクラブの動きを同調させる働きがあります。

アドレス

体の右サイドを締めたクローズドスタンスに

飛距離アップにはクローズドスタンスが有効です。ボールを厚く打って飛距離を出すことができます。現在、丸山プロも含め米国の男女ツアーの八割近くがクローズドスタンスです。クローズで構えれば ダウンスイングで胸が開きにくく、左脇が締まります。ドローヒッターのみならず、フェードヒッターもクローズに構えて体の回転を速くし、飛距離の出るパワーフェードで打っています。これほどまでに増え出したのはウッズの出現以降です。正確性を備えたケタ違いの飛距離に関心が集まったためと言うことができます。それまではニック・ファルドを筆頭にした、ラインを出すゴルフが主流でした。

同じクローズドスタンスでも、日本と米国では微妙な違いがあります。日本は右サイドを緩め、米国は右サイドを締めるプレーヤーが多く見られます。それは日米のス

↑正しいクローズは肩、腕、腰と一緒にクラブフェースがターゲット方向を向き、スタンスだけがクローズとなるもの

イング観の相違点から来ているのではないかと思われます。

日本ではバックスイングで体をねじり上げ、そのひねり戻しでパワーを出そうとする、ねん転重視の考えが定着しています。体をねじりやすいように、体の右サイドを緩める形をとります。どんどん体を回すことができるので、オーバースイングが多くなります。あるフィジカルトレーナーによると、日本人は骨格的にガニまたが多いため、どうしても股関節を内側に締めて使うことが苦手だといいます。

それに対し米国では、右サイドを締めて力を蓄積し、インパクトからフォロースルーにかけてヘッドの動きを加速することで飛ばそうとします。ロックをかけたように右サイドのねん転を抑制し、バックスイングよりダウンスイング以降のパワーの解放を重視します。ベン・ホーガンもクローズで右足を絞った構え方をしており、その伝統が現在も受け継がれています。

クローズドスタンスで多く見られる間違いは、体全体を右に向け、クラブフェースだけがターゲット方向を向くセットアップです。正しいクローズは肩、腕、腰と一緒にクラブフェースがターゲット方向を向き、スタンスだけがクローズとなるものです。

右足つま先は目標線と直角にし、開かないようにします。右つま先が外側に開くと右腰が逃げ、プレーンがずれてしまいます。クローズドスタンスによってダウンスイングで胸が開きにくくなり、体の右サイドでインパクトを迎える感じになります。胸が開かないことで左サイドの壁が作られ、長いインパクトゾーンも可能となります。

スイングは「静」から「動」ではなく、「動」から「動」への転換

私は「動」から「動」が理想的なゴルフスイングだと思っています。「静」から「動」は、地面の上に置かれたボールだけです。

↑スイングは「動」から「動」／アドレスの際に母指球を意識しながら足踏みを繰り返し、右足母指球にスーッと体重を乗せていくのが、自然で一番良い形

体は常にどこかが動いていなければなりません。マスターズ2勝のホセマリア・オラサバルはアドレスのとき、絶えず右手の親指が動いています。セルヒオ・ガルシアはいわゆるリグリップと呼ばれる動作を何度かしてからテークバックに入ります。体が静止し、ボールに心が集中していくと、肉体は緊張し、不安な気持ちが起こりやすくなります。母指球を意識しながら足踏みを繰り返し、右足母指球にスーッと体重を乗せていくのが、自然で一番良い形だと思います。

究極の理想は飛球線後方からターゲット方向を眺め、前方に歩いて行く途中でバックスイングし、その流れの中でボールを打っていくことです。しかし、実際にはその格好で打つことができないため、アドレスの形をとっています。

ウッズが飛球線後方からターゲット方向を見た後、ワッグルしながら歩いてアドレスに入り、すぐさまテークバックに移っていくのは、「動」から「動」の考えが根底にあります。二〇〇三年のマスターズで優勝したマイク・ウエアがテークバックの前にスイングプレーンをなぞるように大きく素振りするのは、予行演習の意味と残像効果を兼ねていることが考えられます。

ボールを打つ段階になって動きが止まり、バックスイングはどう、ダウンスイングはこうでなければなどと考えている人にナイスショットが生まれるはずがありません。停止した時間を作ることにより、雑念がわき、筋肉は固まってしまいます。特にナーバスなパッティングで、動きの停止は禁物です。自分が何ビートのストロークなのかを知り、自分のリズムで入っていかなければ、それこそイップスになってしまいます。

機械で次々とティーアップされる球を連続打ちしたり、他の人にポンポンと置いてもらう球を打つとき、結構ナイスボールが出るのは「動」から「動」でスイングが流れているからです。

テークバック

テークバックはオンラインか、ややアウトサイドが正しい

私が主宰するラーニングゴルフクラブで調べたところ、アマチュアの八〇%がテークバックでインサイドに上げています。肩を回そうという意識が強すぎるからです。日本ではなぜかアマチュアに対し、体でクラブを上げるようにというレッスンが浸透しています。それでは体の回転に合わせてクラブを動かしていくので、インサイドにクラブを引いてしまうことになります。

テークバックはオンラインか、ややアウトサイドに上がっていくのが良いのです。グリップが腰の位置に来たとき、飛球線後方から見てクラブヘッドとグリップが重なり、手が消えて見える状態が理想です。プロでインサイドに上げる人はほとんどいません。丸山プロは若干アウトサイドに上がっていきます。インサイドにクラブを上げてしまうと、ダウンスイングのときループ現象でアウトサイド・インのカット打ちの

軌道となります。それではフェースは開き、こすれ球となります。アウトサイドに上げればその逆となってインサイドに下ろすことになり、球はつかまりやすくなります。オンラインが理想なのはいうまでもありませんが、インサイドよりアウトサイドに上げていくほうが結果は良好となります。

少々細かくなりますが、チェック法の一つとして私はグリップが腰の位置に来たとき、トウがどの方向を向いているかを見ます。時計の針でいうと12時から2時が許容範囲で、一般的には前傾姿勢の背骨とクラブのフェース面が平行になるのがベストです。ウッズは12時を指すトウアップを目指していますが、アマチュアがトウアップにすると球はつかまらなくなります。

丸山プロは少しかぶせ気味で、背骨と平行ぐらいです。トウが11時を向くのはオープンすぎるし、3時になるとシャットすぎます。打ったときにボールが右方向に行くようだと、フェースをシャット気味にすれ

↑正しいテークバック／グリップが腰の位置に来たとき、飛球線後方から見てクラブヘッドとグリップが重なり、手が消えて見える状態が理想

↑ トゥは12時から2時の間に向けるのがベスト。トゥの方向がバックスイングのときと同じ状態であることが理想

ばつかまるようになります。切り返し後、腰の位置でシャフトと飛球線方向が平行となったとき、トゥの方向がバックスイングのときと同じ状態であることが理想です。丸山プロはこのハーフダウンの所定の位置にピタリと戻ってきた時点で、ナイスショットを確信します。

インパクト後のフォロースルーでは、トゥが11時から2時くらいの間を指して抜けていけばOKです。ウッズは前傾姿勢の角度とほぼ平行の2時ごろを指して抜けていきますが、一般の人が同じことをするとボールは全くつかまらなくなります。ベン・ホーガンも非常に開いて抜いていくタイプで、「ホーガン信者」の丸山プロもそれにあこがれ、フォロースルーの開きに意識を集中して練習した時期があります。12時から1時の間が、丸山プロが目指しているトゥの向きです。

アマチュアは右手でスイングプレーンを作る

幸か不幸か、私は日本のゴルフの昔の教え方やレッスン内容をあまり知りません。二十歳のころから米国のゴルフ理論に接することが多かったからです。日本では「左手リード」「左手主導」と長く言われてきたということも、日本の年長者の方から聞

↑
右ひじを支点にしてバックスイングし、右手でスイングプレーンをなぞるように振る

きました。「利き手の右手に対して左手が弱すぎるので、左手を意識して使うようにしたら両手のバランスが良くなる」という意味でそう語られてきたのかもしれないし、本当に左サイド主体で打つように信じられてきたのかもしれません。だが、どちらにしても私にとって想像の域を出ないため、なぜそのように教えられてきたかわからないというのが正直な気持ちです。

私はアマチュアにコーチするとき、右打ちの人ならまず右手の動きから教えます。アマチュアはダウンスイングがうまくできない人が圧倒的に多い。インパクトに入る助走段階のダウンスイングが良くなければ、当然インパクトで好結果は得られません。まず右手の動きを教えることによって、ダウンスイングの軌道を整えます。右手でスイングプレーンを作ると解釈してほしい。現在のプロを見ると、ほとんどが右手で打っています。

右ひじを支点にしてバックスイングし、右手でスイングプレーンをなぞるように振ります。右ひじ支点の位置が変わらなければ、オンプレーンでクラブを振り下ろすことができます。ボールの衝撃を支えるのも右手。右ひじはインパクトまで伸ばさない。インパクト以降に右ひじを伸ばしながらフォロースルーに持っていきます。こうすると、長いインパクトゾーンとなり、ボールの方向性が安定します。ダウンスイング中に右ひじが伸びるとアウトサイドからクラブが下りることになり、こすれ球のスライスボールが出てしまいます。

ドリルとしては右手だけでボールを打つ方法が効果的です。テークバックでどこに上げたら良いか正しい位置がわかり、おのずと右手の使い方も理解できてきます。最初はうまく当たらないかもしれませんが、徐々に打球の方向性が良くなっていきます。

ダウンスイングができているプロやトップアマには左手から教えることが多くなります。左手を鍛えて左右のバランスを良くしたり、舵の役目を果たす左腕の動きをイメージしてもらうためです。当然、そのレベルの人には左手だけでボールを打つドリルが多くなります。

「肩を回せ」は迷信に過ぎない

大多数のアマチュアの方が、バックスイングで肩を一生懸命に回そうとします。

「なぜそんなに回そうとするのか」と聞くと、それまで教わっていたレッスンプロに、左肩が右足のところへ来るまで回すように指導されたとか、仲間の先輩たちにもっと肩を入れるように言われたという答えが返ってきます。回転の大きさが飛距離に比例すると思っている人が圧倒的です。その結果、クラブはインサイドに入っていき、弱々しいスライスボールしか打つことができません。アマチュアの方は「回転すればするほどボールは飛ばない」と思って間違いありません。

確かにねん転力は飛距離と無関係ではありませんが、野茂英雄投手のトルネード投法さながらの回転はゴルフに必要ありません。肩の回転は90度あれば十分です。日本のアマチュアは肩を回しすぎるし、それによって足元が崩れています。大きなボールを想定してみると良いでしょう。棒を渡され、そのボールを遠く飛ばせと言われたとき、一生懸命に肩を回すでしょうか。左サイドに向かって力いっぱい振るのが普通だと思います。ところがゴルフボールになると突然、肩を回さなければという固定観念にとらわれてしまい、本質的な動きができなくなってしまいます。「肩を回せ」は私に言わせると迷信に過ぎません。そのように言っているのは日本のゴルフ界だけで、米国で聞いたことは一度もありません。

体を回しすぎるとバックスイングで体重が右足かかとに移っていきます。それはウエートシフトでなく、横に流れるスウエーです。バックスイングは右股関節の上に上体を乗せる動作です。アドレスで両足の母指球にかけた体重を、右の母指球に直線的に移すのがウエートシフトです。体を大きく回してトップの位置でシャフトが飛球線より右を向く、いわゆるクロスした状態からインパクトを迎えるためには、また大きく体を回し戻さなければなりません。ひざのラインは外れ、踏む位置もずれてきます。

ツアープロたちは目標線に対してスクエアに構えており、バックスイングで右ひざの角度、位置をアドレス時のままキープして上体を回しています。これがアマチュアとの大きな違いです。それほど左肩を回していないように見えても、実際は右ひざが固定されているから下半身と上半身とのねん転の差が作られます。

↑正しいウェートシフト／バックスイングは右股関節の上に上体を乗せる動作

　多くのアマチュアのように体ばかり揺さぶって球が飛ばないのなら、むしろ体を動、腕だけで振っていたほうがヘッドスピードは上がります。極論すればアマチアは軌道とフェースの向きがプロと同じであれば、フォームや格好はどうでもよいのです。クラブの動きが一〇〇%、ボールの動きを支配します。肩の入り具合が左右するのではありません。プロのどこの部分をマネするかといえば、クラブの動きをマネる以外にありません。

ツアープロはコンパクトスイングで飛ばす

「飛距離を出そう」とスイングアークを大きくすることに努力しているアマチュアの方がいます。大きなスイングアークを求めることは決して悪いことではありません。飛距離の源泉になることは私も理解しています。しかし、大きなスイングアークを求める人に限って、体が伸び切っていることが多い。「体を回せば回すほど、遠くに球を飛ばすことができる」という誤解されたスイング理論が、その人の根底にあります。

現在のツアープロは皆、コンパクトなスイングで球を飛ばしています。

トップの位置は右肩の高さで十分です。「クラブが地面と平行に収まるのが理想的なトップ」と思っている人が多いのですが、それはバックスイングからトップに振り上げられた勢いで行っているだけです。無理に体を回し、意識して地面と平行になるところまで持っていくと、切り返し後にクラブをオンプレーンに戻す余計な作業が必要となり、パワーをロスすることになります。ウッズはオーバースイングを抑えるため、練習場でグリップの位置が右耳の所まで来るといったん動きを止め、顔をグリップ位置に向けて確認するドリルをよく行っています。

ツアープロはトップで最大の力を作り出そうと思っていません。トップからダウンスイングの切り返しで大きなパワーを生むことを知っています。上体をトップの位置に止め、胸が右を向いた状態のまま体重を左股関節に移動させます。ダウンスイングが始まる直前、上体と下半身とのねん転差が最大となり、ビッグドライブを生み出すパワーが作られます。ねん転差が大きくなれば大きな力を出すのは、

↑正しいトップ／ウッズはオーバースイングを抑えるため、練習場でグリップの位置が右耳の所まで来るといったん動きを止め、顔をグリップ位置に向けて確認するドリルをよく行っている

ぜんまいの巻き戻しと同じ理屈です。下半身も一緒に回ったのではねん転差は大きくならないし、ダウンスイングで上体から先に打ちにいっても、パワーの効果的な解放は望めません。

早打ちはいけないからとバックスイングで意識的にクラブをゆっくり上げ、トップで一度動きを止める人を見かけますが、それでは流れのあるスムーズな動きをわざわざ抑えてしまうことになります。右肩まで一気に振り上げ、その流れのままダウンスイングに入ることによって、パワーの蓄積と解放が可能となります。

インパクト

ゴルフスイングは回転運動ではなく直線運動

ゴルフスイングを回転運動と思っている人が多いのではないでしょうか。日本のレッスン書などにもしばしばそう書いてあります。しかし、私はゴルフスイングを直線運動と解釈しています。イメージとしては弓矢と同じです。弓を放つときのように目標方向に向かって直線的な運動であることが妥当だと思います。それを可能にするのが体重移動です。世界の一流選手のスイングを分析すると、直線的に重心（体重）を動かすことでヘッドを走らせています。

アドレス時で体重を右足と左足に五分五分でかけたものを、バックスイングで右母指球へ移します。切り返し後、今度は左母指球へ直線的に移行します。目標に対してまっすぐに弓を絞った状態がトップスイングになります。個人差はありますがベルトのバックルの動きで見ると、バックスイングのときに3センチほど右へ動き、次いでそこから左へ9センチ（アドレス時の位置からは6センチ）ほど動く形となります。回転運動だと思っている人は、バックスイングで体重が右足かかとに流れやすく、スイング軌道がずれてしまいます。体が右から左へ直線的にシフトすれば、当然クラブフェースはターゲットにまっすぐ向く時間が長くなり、インパクトゾーンは直線に近いものとなります。

重心移動で打つことを覚えれば、年をとっても飛ばすことができるメリットがあります。筋力や体力は年齢を重ねることによって落ちていきますが、体重はそれほど変

↑クッションを利用した練習法／足場が不安定だと自然に親指付け根で体重を受け止め、体勢を安定させる

化しません。重心移動で打てるようになれば、自分の体重をパワーに変えることができます。フォロースルーでは体重の四〇％くらいの遠心力がクラブにかかるといわれます。逆にいえばそれだけの体重をボールの飛距離に利用できるということです。

できる限り姿勢を良くするため私はプロに「断崖絶壁の頂上でアドレスし、ドラコンをするイメージを持つように」と説明します。必ず重心が安定するところを無意識に探し、スイングプレーンは良くなります。足がめくれ上がるようなスイングをする者はいません。姿勢がぐらついたら断崖絶壁から落ちてしまうことになります。

アマチュアの方に勧めるドリルとしては、クッションを二つ用意し、左右の足をそれぞれクッションに乗せてスイングするものがあります。人間の本能は自然に母指球で体重を受け止め、体勢を安定させる働きを持っています。足場の良いところでクラブを持ち、ボールを目の前にすると余計な意識が働きますが、足場が悪いところでは、体は自然の動きを優先します。このドリルは練習場などにあるボールを入れるカゴを使っても良いし、ソファーの上ですることもできます。

インパクトはアドレスの再現ではない

よく「インパクトはアドレスの再現」といわれます。しかし、厳密にいうとこれは正しくありません。アドレスの再現が可能なのは、アプローチとパットだけです。それ以外のショットはインパクトでアドレス時より左に体重がシフトし、グリップ位置が左に寄ったハンドファーストになります。

アマチュアの多くの悩みに、アイアンの番手が変わっても距離が変わらないというのがあります。原因はインパクトで左手が甲側に折れるからです。それではロフトが番手別の弾道差、距離の違いは出ません。インパクトまでアドレス時の手保つことが必要です。私の見たところでは九〇%のアマチュアがこのインけることができていません。いわゆる「薄い当たり」というものです。左手甲が伸び、左母指球に体重が乗った状態でインパクトを迎えなければ、番手通りの球を打つことはできません。

アイアンショットはスイング軌道の最下点の手前でボールをとらえ、フェースの下部で打つのが基本。ボールを押す感覚でインパクト感を出します。アドレス時にボールの後ろでクラブヘッドを地面にセットした形が、そもそもすでにダフった状態です。インパクトで手が左側に先行しない限り、ダフりのミスは起きてきます。アマチュアに多い、手元がボールより後方に来るハンドレートではなおさら芯でとらえることは無理です。

ハンドファーストのインパクトを実現するには、まずバックスイングでコックし、切り返し後、そのコックを完全に解いてしまわず、クラブと腕の角度を保ったまま振り下ろすことがポイントとなります。プロやトップアマはタメの利いたスイングができているため、ヘッドが加速状態でインパクトを迎えることができます。厚くボールをとらえているため、飛距離が出て、左右に曲がりづらいボールを打つことが可能となります。

効果的なドリルとしては、左手か右手のどちらかで7番アイアンを持ち、アドレスのときの手首の角度を変えずにボールを打つ方法があります。左手で打つ場合、左手甲側に曲がった状態で打てばトップ気味のインパクトになり、右手で打って手のひら側に手首を折った状態ではダフりやすくなります。インパクト時に左手首が折れる現象はウイークグリップの人に多く見られるため、手首が折れにくいストロンググリップにすることも一つの手段です。

↑正しいアドレス(上)とインパクト(下)／インパクトではアドレス時より左に体重がシフトし、グリップ位置が左に寄ったハンドファーストになる

軸より「体幹」を意識する

「軸を意識してスイングするように」というのが、これまでの日本のゴルフレッスンの主流になっています。コマの回転を例に挙げ、「真ん中の軸が左右にぐらぐらしているとコマは回らなくなります。スイングも同じ理屈で、軸がぶれたらスピードのある回転は作れない」という論法です。だから背骨を軸と想定し、背骨を動かさないようにスイングするようにと説きます。アゴや首の付け根など、軸を「一本の棒」でなく「点」としてとらえている人もいます。言われてみると間違いではありませんし、一理あると思います。

しかし軸を意識しすぎることによる弊害が多いのも事実です。「軸を動かさないように」「頭を動かさないように」と思うことにより、トップで左足に体重がかかり、左肩が下がるアマチュアを数多く見ます。その結果フォロースルーで右足に体重が残る、いわゆる「明治の大砲」型のスイングとなってしまいます。ギッタンバッコンのスイングでは、飛距離のある強い勢いの球は到底望めません。

↑
「体幹」を意識する／スタンス幅と同じ太さの筒のような軸を想定すれば、頭もスタンス幅内で、バックスイングでは右に行き、ダウンスイングからは左へと動く。筒からはずれた重心移動は禁物

最近は「二軸」という理論も盛んです。人間の骨組みはお尻のところで二つに分かれ、二本の足で立っています。バックスイングでは右足に体重が乗って右足を軸に回転します。切り返し後のダウンスイングでは左足に体重移動を行うので、インパクト後は左足を軸にした回転となります。だから軸は二本あるという説です。これも誤ってはいないと思います。

結論を言うと、一軸であっても二軸であってもどちらでもいいというのが私の考えです。体重を右の母指球から左の母指球にシフトするのだから、スタンス幅と同じ太さの筒のような軸を想定すれば一軸になるし、細かく考えれば二軸とも解釈できます。言葉のトリックでアマチュアの方を迷わすことはしたくありません。

私自身は「一軸」とも「二軸」とも使わず、「体幹」という言葉を利用します。胴回りのことです。体幹を意識していれば手に余計な力は入らないし、どっしりとしたイメージを持つことができます。頭もスタンス幅内で、バックスイングでは右に行き、ダウンスイングからは左へと動く。頭を動かさないように意識するとどうしても窮屈なスイングになります。

軸という言葉を使わないことによって、アマチュアの方に軸を意識させないことができます。意識させずにスムーズなスイングができるように教えるのが、私が目指している指導法です。

スイングプレーン

スイング精度を見る「秘密のアイスクリームコーン」

アメリカでよく「秘密のアイスクリームコーン」と呼ばれる細長い三角形があります。といってもファストフード店などで売っているものではありません。ゴルフスイングのプレーンを表すときに使われる言葉です。

私たちインストラクターは、アドレス時のシャフトのライ角度の延長線をシャフトプレーン、ボールと首を結んだ線上に置かれた仮想のガラス板をホーガンプレーンと表現します。シャフトプレーンはホーガンプレーンよりフラットなため、飛球線後方から見て、ソフトクリームのコーンのような細長い三角形が存在しているかのように想定できるというわけです。ちなみにスイングプレーンというのは、シャフトの通過後にできるプレーンのことを指します。

テークバックで最初、クラブはシャフトプレーンに沿って移動。途中からクラブは最初のプレーンより高い位置に移っていきます。チェックポイントとして右肩口にクラブが来たとき、シャフトとシャフトプレーンが平行になっているかを見ます。この平行ラインをキープしてトップへ上がって行き、クラブがターゲット方向と平行になるように収めます。

体が回りすぎることでターゲット方向より右を向くクロスは、オーバースイングとなってクラブが暴れる傾向があるので避けること。逆にシャフトが飛球方向より左を向く状態はレイドオフと呼ばれ、レイドオフも方向が大きく外れると弊害が出てきます。クラブの指す方向が飛球線から左右約20度以内なら許容範囲といえます。

切り返し後、腕とクラブの重さを利用し、体の右サイドにグリップを自然落下させます。ホーガンプレーンからシャフトプレーンへクラブを移し、インパクトゾーンへと持っていきます。インパクト後のフォロースルーではシャフトが左肩口でシャフトプレーンと平行になって抜けていきます。

↑秘密のアイスクリームコーン／シャフトプレーンとホーガンプレーンからできる細長い三角形が「秘密のアイスクリームコーン」。スイングをチェックするときは、この三角形からクラブが外れていないか、注意して見る

アマチュアに圧倒的に多いのが、バックスイングよりダウンスイングのプレーンが高くなることです。上がったところより低く下りてくればアマチュアとしては一流。まずはテークバックからフォロースルーまで、細長い三角形の幅の中をシャフトと腕が通ることを目指すようにします。

プロのスイングをチェックするときも、私はこの三角形からクラブが外れていないかどうかで判断します。前傾姿勢が全く変わらず、構えたところにピタリと戻る者はプロの間でも多くありません。ほとんどの者がシャフトプレーンの上を通ります。歴代の名手ではベン・ホーガン、トム・カイト、ニック・プライスといったところが、ピタリと元のところに戻ってくる選手です。

日本では片山、谷口、細川、今野といったプロ達が代表的です。シャフトの太さ三分の一という違いのレベルですが、ちょっと調整すればオンラインになるというクラスが予備軍となります。より好みしているわけではありませんが、私がコーチをしているプロに予備軍が結構そろっており、丸山、小達、平塚、小林、矢野といった各プロが該当します。

「ヘッドアップするな」は害が大きい

職場の同僚など仲間同士のゴルフコンペで、「もっとボールを見るように」「ヘッドアップしているぞ」と注意している光景をよく見ます。レッスンプロの中には「ディボット跡を見てから頭を上げるように」と教える人もいます。それまで当たらなかった人が、その助言で当たるようになることはあります。一時の便宜的な処方せんとしては使えるかもしれません。

その意味では間違ったアドバイスではないのかもしれませんが、非常に危険性が高く、万人向きでないと思います。それは副作用、弊害が大きいからです。私自身はアマチュアに対してもプロに対しても、レッスン中にそのような言葉を使ったことがありません。

ボールの行方を見ようと早く顔を上げてしまう人は確かにいます。その結果としてスイング中に前傾角度が変わったり、クラブ軌道がずれてミスショットになります。体勢をキープするための一つの方法論として、「よくボールを見ろ」とか「球と顔の

↑「ボールをよく見ろ」は誤った神話。アドレス時の前傾姿勢が保てれば、ヘッドアップしても構わない

距離を変えるな」という言い方が使われるのだと思います。

しかし、ボールを見ようという意識が強くなることによって、スムーズな体重移動が行われなくなる可能性が高くなります。バックスイングで右に体重を移動できずに左肩が下がり、フォロースルーでは右に体重が残ったまま右肩が下がるリバースピボット（反対の旋回）のスイングとなる弊害のほうが心配です。

スイングそのものが鋭角になり、プレーンから外れて、ボールをとらえることが困難になります。さらに背骨を痛める原因にもなりかねません。スイングで大切な要素は、ボールを見ることではなく、インパクト前後の軌道とクラブフェースの向きです。角を矯《た》めて牛を殺してはなにもなりません。

丸山プロがシーズンオフに、テレビ番組で目隠ししてラウンドし、ナイスショットを連発していたことがあります。彼は多くの練習量をこなし、ボールとの距離感を把握しているため、アマチュアと事情は違うかもしれません。しかし、ボールを見ていても見ていなくても、ほとんど変わらない結果を出すことができるという証明にはなります。軌道とフェースの向きが安定しているから、真っ暗闇の中でもジャストミートすることができます。

デービッド・デュバルを筆頭に欧米には早めにルックアップする選手が少なくありません。彼らはストロンググリップでシャットにフェースを使います。早めのルックアップと連動させて左サイドを回転させなければ、ボールは真左に飛んで行きます。一連の流れとして行わなければならないヘッドアップなのです。いずれにしても「ボールをよく見ろ」は日本のレッスン界に残っている、誤った神話の一つです。

飛んで曲がらないストレートボールが世界流

「ゴルフのボールはまっすぐ打つのが一番難しい」。かつてはこのようにいわれていました。今でもある一定のレベルで止まっている人達はそのように述べています。

らかに曲がるのなら、保険をかけていたほうが狙い所に落とすことができる」ライスなりフックを自分の持ち球とします。それが彼らのスイング作りのゴールとなっています。

しかし、今の世界のトップレベルは違います。飛んで曲がらないショットが必要になっています。打った瞬間からピンにかぶり、極端にいえばカップインを狙っています。米国の若手トッププロ、チャールズ・ハウエルは「昔のゴルフは、飛ぶけど曲がるか、飛ばないけどまっすぐかのどちらかでしたが、今は飛んで曲がらないショットが求められている」と語っています。ゴルフのレベルが格段に上がっています。

道具が良くなったことが、理由の一つにあります。かつてのパーシモンヘッドと糸巻きボールはサイドスピンが多くかかりました。ボールはツーピース、スリーピースと変遷し、クラブはメタル、チタンと進んだことでサイドスピン量は大幅に減少しました。「曲げることが難しいのなら、わざわざ曲げる球を打つことはやめよう」という考えが下地にあります。

もっと大きな理由は、技術の向上を裏付けとした意識の変革です。ストレートボールをみんなが目指し、そのためのスイングを研究しています。「今、アメリカのトッププロの八割はストレートボールを打つ」（丸山プロ）といわれています。射撃、アーチェリーと同じで、的を射抜く感覚でショットします。自然の中のゴルフは風などの気象条件によって、ボールが思わぬ方向に流れることがあります。けれど、基本的には精度の高い、縦回転のストレートボールでなければ勝負できない時代となっています。

↑長くまっすぐなインパクトを作る／飛んで曲がらないストレートボールを打つためには、フェースが右足前から左足前まで常にターゲット方向を向く状態を作り上げる

　私と始めた丸山プロのスイング改造の究極の目標は、飛んで曲がらないストレートボールの打ち方です。ターゲット方向にできるだけ早くクラブフェースを向けるスイング作りをしています。フェースが右足前から左足前まで常にターゲット方向を向く状態を作り上げる。ボールが右足前にあっても左足前にあっても、インパクト後のボールはまっすぐに飛ん

で行きます。

インパクト前まで曲がっていた右ひじがインパクト後に伸びるため、クラブヘッドはボールを追いかける形となり、アイアンの場合はターフがとられていきます。スイングの途中にたまたまボールがあったという感じで振り抜いていくのです。右足から左足への直線的な体重移動も加わるため、インパクトを「点」でなく「線」としてとらえ、サイドスピン量の少ないストレートボールとなります。

クラブフェースをボールに正対させる感覚を養ってもらうため、私がアマチュアにやってもらうドリルに、練習マットの中央にボールを置き、クラブヘッドをマット右端にあてがってフェースをターゲット方向に向けるものがあります。マット右端からバックスイングを始め、ダウンスイングではそのマット右端までゆっくりクラブを下ろし、アドレス時と同じようにフェースがスクエアに戻ってきているかを確認します。それができるようになったら、次は実際にボールを使い、マット右端から振り上げ、ドリル同様に早めにスクエアに戻してショットします。こうすると、長いインパクトゾーンと曲がりの少ないショットができるようになります。

ドロー、フェードは構えを変えるだけで機械的に打ち分けられる

ストレートボールが究極の目的ですが、状況によってドローボールなりフェードボールが必要なときがあります。例えばドッグレッグのホールでストレートボールだと突き抜けてしまう場合です。フェアウエーに落とすにはティーショットの飛距離を落とせばいいが、ホールによっては第2打以降の距離が長くなり、攻め方が厳しくなるときがあります。前方に木が立っていたり枝が張りだしていて、ストレートボールが打てないケースもあります。そのようなとき、ドローボールやフェードボールを打つことができれば便利です。

かつては手首を返すことでボールを曲げる細工をしていました。しかし、クラブヘッドの速度は時速200キロ以上で、クラブヘッドとボールの接触時間は一万分の四秒程度です。そんな一瞬の時間に合わせて手首を返すことは到底不可能です。タイミングが微妙に速すぎたり遅すぎたりするため、精度の高いボールを打つことは無理です。ロボットのようにできるだけ機械的な動きで、誤差を少なくすることが肝心です。

練習量が限られているアマチュアの方にも易しく打てるものでなければなりません。打ち方はいつもと同じで、ティーアップするボールの位置や高さも普段のショットのまま。スタンスの向きと出球を変えるだけで、意図したボールに変えることができる打ち方を体得するのが良いでしょう。手首をこねる必要は一切ないし、そもそも手首の動きをできるだけ抑えるのが、現在の打ち方の主流です。

フェードボールを打つときのスタンスは、左足を後方に引いたオープンとします。けれど、ひざや腰、肩は目標方向にスクエアのままで、左に向けることはしません。オープンスタンスの向きに沿っていつもの自分のリズムでクラブを振れば、結果的にアウトサイド・インの軌道となり、ボールにフェード回転がかかってきます。

ここで注意することは、クラブフェースの向きをターゲット方向にすることです。ストレートボールを打つときと同様に、ターゲット方向に直角に向いていなければなりません。フェースがスタンスと同じように左を向いていたら、球は右から左のカーブが描かれず、目標の左にまっすぐ飛んで行きます。

ドローボールを打つ場合はフェードボールを打つときと逆の動作をします。ひざ、腰、肩はターゲット方向に向けたままにし、スタンスだけ右足を後ろに引いたクローズとします。ここでもクラブフェースはターゲット方向に向け、スタンスと平行にスイングします。軌道が結果的にインサイド・アウトとなり、ドロー回転がかかってきます。

スタンスの向きを変えるだけだから、決して難しいスイングとはなりません。とはいえ、いきなりコースで実践することは無理。まずコースでラウンドしていることを想定して、練習場でテストすることが必要です。「私は練習したことのないショットを実戦で使ったことがない」。ベン・ホーガンもこのように語っています。

スライスやシャンクは十五分で直る

私自身は使わないフレーズですが、米国に「バンドエイド・レッスン」という言葉があります。応急処置という意味です。ツアープロをコーチしていると長期的な視野での上達とともに、その日のスコアを良くする短期的な成果も挙げなければならない宿命があります。最初にスイングを見たとき、とりあえず応急処置をとって良い気分になってもらうか、長い目で見て指導するか、いつもその選択に頭を悩ましています。そのあたりの兼ね合いがコーチとしての難しさであり、腕の見せどころでもあります。

アマチュアの方に対しても原則は同じです。ところがゴルフ用具の量販店などでレッスン会を頼まれ、即効性のある応急処置を求められるときがあります。時間にして一人、十分から十五分がほとんど。初めて会った二十人ほどの悩みをその場で解消します。難しそうに見えますが、実際はそうではありません。アマチュアの場合はミスの原因が比較的単純なため、それを取り除いてあげれば良いだけです。みんなが「1＋1＝3」と思っているのを「1＋1＝2」と直してあげる感覚でしかありません。その人にとって十年、二十年苦しんだ悩みのタネも、十五分あれば矯正が可能です。

日本人に圧倒的に多いのはスライスです。原因はアウトサイド・インのスイング軌道と、フェースが開いた状態でインパクトを迎えるという二つが主なものです。「どのような球を打ちますか」と聞かれて、なかには「ドライバーはフェードで、アイアンはドロー」と答える方もいます。理論上、そのようなことは考えられず、ドローといっているのは「引っかけ」をその方は勝手にそう解釈しているだけです。病巣はスライスと同じ。アウトサイド・インのオープンフェースだから、ドライバーはつかまりが悪く、アイアンはヒールで引っかけ気味に当てることになります。この二つの原因をなくせば、スライスは直すことができます。対策としてグリップは左手をかぶせたフックグリップとし、右足を一足分後方に引いたクローズドスタンスとします。

クローズドスタンスによって自然とインサイドからクラブを振り下ろすようになり、フックグリップによってインパクトでフェースがターンし、オープンフェースが抑えられます。フィニッシュはグリップが顔の横に収まるくらいの高い位置に振り抜きます。何度かスイングを繰り返すうち、スライスの度合いは小さくなり、フック系の球筋に変わり始めます。

体のラインの右方向に飛び出した球がターゲット方向に戻ってくれば、矯正の成果が表れてきた証拠。フックボールの度合いが大きくなればグリップを徐々にスクエアに戻し、クローズのスタンスをスクエアに近づけていきます。少しずつ調整していくうちに、自分の求める球筋と振りやすいスイングの合致点が見つかるはず。弱々しいスライスボールが距離の出るドローボールに変わることで、ゴルフの楽しみが増えてきます。

シャンクもアマチュアにとって悩みのタネです。ダウンスイングでヘッドがアウトサイドから下り、体が左に開いた状態でインパクトを迎えることが原因です。スライスと原因は同じで、カット打ちの延長線にあります。インサイドからクラブを振り下ろすようにすれば、たちどころにシャンクは出なくなります。フックグリップでハンドファーストに構え、かぶせて握った左手甲を上に向けたままバックスイング。ややフラットなトップからダウンスイングに移行し、体、胸を開かずにインパクトを迎えます。ちょうどアドレス時の体勢に似たフォームでボールをとらえることになり、シャンクを防ぐことができます。

自分のスイングをスローモーションで再現できるか

意外に自分のスイングについて知らないプロが多い。感覚でスイングをとらえ、あいまいな要素に支配されているためです。従って言葉で表現することもできません。自分のスイングがどこからスタートし、どこでフェースが動き、シャフトの動きはどうなっていて、体はどうコントロールしているか。スイングが悪いときはどの部分がどのような動きになっているのか。これらをしっかり理解できているかいないかが、一流と二流を分けるといっていいと思います。丸山、伊沢、田中といったトッププロは、自分のスイングを驚くほど把握しています。

トッププロは部屋の中で素振りをしても周りの壁にクラブをぶつけることがありません。アマチュアがそれをすると何度も壁に当ててしまうのがオチです。理由は自分とクラブヘッドの間合いをしっかりつかんでいるためです。自分のグリップの位置と44インチなり45インチ先のヘッドとの距離感をつかんでいるため、体のどのポジションのとき、ヘッドはどこに行っているかを鮮明にわかっています。ビデオを確認しなくても、クラブヘッドまでの距離を感じ取れるのが、達人の域に入っている人といえます。私が思うには、自分のスイングをスローモーションのように再現できなければ、本当に自分のスイングを理解しているとはいえません。

メジャー優勝を記録しているデービス・ラブは子供時代、プロゴルファーである父親に「もっと飛距離を出せるように」とドライバーで50ヤードの距離を打つ練習をよくさせられたといいます。ボールをきっちりとらえて50ヤード先にまっすぐ打つには、体の各部分の正しい動きが要求されます。普通の速度のスイングだと見逃されてしまう悪癖が、スローモーションだと露呈してしまいます。

50ヤードがうまく打てるようになったら次は１００ヤード、そして次は１５０ヤード、その次は２００ヤードといったように距離を伸ばしていく。スイングがしっかりすれば、３００ヤード以上打っても崩れることのない技術と力を身につけることができます。私もプロ達にスイングチェックを兼ねて、ゆっくりしたスイングで打ってもらうことがあります。

　スローモーションスイングは意外と体力を消耗するため、ラウンド前のウオーミングアップとしても効果的です。スイングに必要な筋肉を目覚めさせ、軌道を確認できるため、練習場のないコースでの格好の打撃練習代わりとなります。自宅でこれを日課とすれば、スイング強化と正しい軌道作りにつながってきます。

スイングリズム

自分のリズムを持たないといつまでも上達しない

ベストボールストライカーと呼ばれるプレーヤーに共通しているのは、スイングスピード、つまりリズムが速いことです。ヘッドスピードとスイングスピードは別物で、クラブを上げ始めてから打ち終わるまでのスピードがスイングスピードです。一般のアマチュアは75ビート前後の速さですが、ベン・ホーガンは100を超す速さです。スイングの始動から終わりまでを測ると、ホーガンとアマチュアは驚くほど速さが違います。丸山プロも渡米直後より、今はかなり速くなっています。

クラブが最短距離を通ることや身体能力の違いもありますが、プロとアマではリズムの差がスイングスピードの違いとなって表れます。アマチュアによく見られる「打ち急ぎ」という動作は途中から急加速でスイングが速くなる現象です。名手達は急ぐ間もないほどリズミカルで速いスイングをしているため、打ち急ぎというものがありません。ドリルの一種でアマチュアに非常に軟らかいシャフトで振ってもらうことがあるのですが、リズムを守り、打ち急ぎをなくしてもらうことが目的です。

ゴルフがいつまでたっても上達しない人の最も大きな要因は、自分のリズムを持っていないことです。自分のプレーのリズムを知ることがスコアメークのカギとなります。プレショット・ルーティーンやスイング、歩くときのリズムが良くなれば、メカニズムも良くなるという相関関係があります。好不調の波が少なくなり、平均スコアも上がってきます。ウッズが練習のときからルーティーンを大事にするのは常に一定のリズムをキープするためです。

右手を左肩、左手を右肩に当て、胸の前で腕をクロスしたまま体を振ると、皆リズムが良くなります。クラブを持って素振りをしても、バランスの良さ、リズムの良さは変わりません。しかしゴルフのボールが置かれた途端、リズムが狂ってしまうのです。例えばドッジボールのような大きさだったら、リズムは変わらないでしょう。リズムというのは体の中心で感じるものであり、クラブヘッドで感じるものではありません。クラブをボールに当てようという意識が、リズムを変えてしまうことになります。

本来、だれもがリズム良く振れるはず。リズムが悪くなるのは、ボールに当てようという意識が邪魔をするのです。スムーズに振っていくことができれば、勝手にリズムはついてきます。プロは自分が打ちたい弾道、打ちたい球筋をイメージすれば、勝手にリズムができてきます。歌の上手な人が自分が何拍子で歌っているかわからなくても、体が自然に反応してリズム良く歌うことができるのと同じです。

↑シャドースイングでリズムを体得／胸の前で腕をクロスしたまま体を振るシャドースイングは、自分のリズムを体得する良い練習になる

リズムはイメージ作りから

リズムを良くするのはイメージ、想像力です。球筋を思い描くことによって、リズムがとれてきます。プロやトップアマは自分の球がいつもどのような弾道で飛んで行くかを知っています。毎回同じような球をイメージするから、リズムもほとんど狂いません。ラインを読まないとパットができないのと同じように、どんなスイングで、どんな弾道なのかというイメージを浮かべなければ、何のためのどのようなリズムなのかがわかりません。ニクラウスは「アドレスで一度打ち、ボールを打つときにそれを再現する」とイメージの重要さを語っています。

「今日は力んでいるな」と意識したときほど、ゆっくり飛んで行く球を想像したら良いでしょう。ゆったりしたスイングリズムを取り戻すことができます。例えば風が強い日だとします。風に負けないようにとつい力んでしまうが、風が強い日ほどゆっくり飛んで行く球を想像します。ゆっくり飛んで行く球は回転数が少なく、結果的に風に負けにくい球を打つことになります。

イメージすることによってリズムができてくるのだから、プレショット・ルーティーン中に弾道のイメージが固まったら、それ以後の手順を省いてでも、すぐに打つことを勧めます。ルーティーンは一定のリズムを作るうえで非常に大切ですが、ルーティーンの順序に固執することによってイメージが消えてしまっては何もなりません。ターゲットを見て、弾道のイメージがわいてきたらすぐにクラブに握り、イメージが消えてしまわないうちに打ったほうが良い結果が出ます。

アマチュアには球筋のイメージ作りができない人が圧倒的に多く見られます。イメージトレーニングというのは、やり続けることによってできるようになります。訓練を何度も繰り返すことによって、頭の中の映像が鮮明になります。イメージする回数、量が習慣化を促すことにつながるといっていいでしょう。

脳というものは面白いことに、頭で描いたことと現実にやることとの区別がつきません。イメージでうまくスイングできるようになれば、実際に自分の思い通りのボールが打てるようになります。あらかじめイメージでリハーサルすることになるので、緊張や不安を和らげることになります。

どうしてもイメージ作りが苦手な人は、上手な人のリズムをマネすると良いと思われます。プロのスイングをビデオで何度も繰り返し見て、体にインプットさせる手が効果的です。メトロノームを使っていろいろな速さを試し、自分に適したリズムを見つけることも良いでしょう。荒療治的にメトロノームのリズムに、自分のテンポを強引に当てはめることも一つの方法です。

私たちインストラクターがそばについていたら、本人の意思とは関係なく、先に何発もナイスショットを打たせ、ナイスショットが出るときのリズムを後から作り上げることも可能です。ナイスショットする形作りを先にし、そのような球が生まれるリズムを体に植え付けるのです。

アプローチ

アプローチとショットのグリップは別物

ショットのときもアプローチのときも同じグリップにしている人が多く見られま

す。典型的なのがどちらもストロング（フック）グリップで握っている人です。目的の違いを考えてみれば、グリップの形が変わることが理解できるはずです。

例えばドライバーショットです。できるだけ飛距離を出すためストロンググリップで握り、球のつかまりを良くするためフェースをシャット気味にし、インサイドから振っていきます。キャリーも出て、ランも多くなります。しかしアプローチの目的は全く逆です。グリーンそばから距離を稼ぐ必要はありません。ボールをできるだけカップに近づけることが重要です。飛ばす必要のないアプローチのときはウイークグリップとオープンフェースで振るのが自然であり合理的です。丸山プロもボールを強くヒットするときはストロンググリップ、アプローチのときは右手の親指と人さし指で作られるV字が自分のアゴを指すウイークグリップで握っています。

グリーン周りでランニングアプローチをするとき、状況によってはパターで転がすことがあります。このパターの寄せに、アプローチの確実性を高めるヒントが隠されています。パットのとき、左手甲を上に向けたストロンググリップで握る人はいないはずです。ほとんどの人が左手甲をターゲット方向に向けるスクエアグリップか、左手のひらを上に向けるウイークグリップです。そのほうがストローク中のフェースコントロールが安定します。ストロンググリップでは方向性が出しづらくなってきます。

アプローチの基本的なアドレスは、クラブを短く持ち、ボールの近くに立ちます。クラブを吊るようにしてハンドアップで構え、スイング軌道はアップライト。つまりはパットと似たアドレスでありスイングです。クラブと腕に一体感を持たせ、両肩と腕で作る三角形を崩しません。肩はショットの水平回転ではなく、天秤のように上下に動かします。余計な操作を入れないため手首は使いません。左手甲を目標に正対さ

↑アプローチの基本的なアドレス／アドレスではクラブを短く持ち、ボールの近くに立つ。パターと同じように、クラブと腕に一体感を持たせ、両肩と腕で作る三角形を崩さずに、肩を天秤のように上下に動かす

せたままバックスイングし、ダウンスイングからフォロースルーまでも左手甲の向きを変えずにスイングします。

距離感は振り幅で作ります。距離感が合わない人は、手で強く打とうとする傾向があります。体の運動量に対して、腕とクラブの運動量が大きすぎるのです。腕、クラブ、体が一緒に動けば距離感は合ってきます。

アプローチはサンドウエッジが便利

プロやトップアマにはグリーン周りのアプローチをサンドウエッジ一本でこなしてしまう人が少なくありません。それほどサンドウエッジの役割が広く、効用が大きいからです。ショートゲームで抜群のテクニックを見せる丸山プロも、日本ツアーにいたころは7、8番アイアンの転がしをしていませんでした。さすがに世界を舞台にしてからはバリエーションの少なさを感じ、ランニングアプローチも加えましたが、それまではサンドウエッジだけでこと足りていました。

プロがウエッジを多用する理由は二つあります。一つはロフトがあるため、仮にパンチが入ってもスピンがかかって止まってくれることです。アプローチはピンの手前につけるのが大原則。たとえ1メートルでも奥からの下りは難しくなります。ウエッジならミスをしても、プロの腕なら手前片半径2メートルあたりに収めることができます。ところが7番アイアンでガツンと打ってしまった場合は、かなりのオーバーは避けられません。次のパットの難易度を考えると、多くのプロはサンドウエッジに固執したくなります。

二つ目の理由は、アドレス時にあらかじめインパクトフォームを作り出しておくことが可能だからです。クラブの形状を考えると、グリップ位置は左太もも前、ボールは右足寄りのハンドファーストとなります。アドレス時の前傾姿勢を変えず、肩を縦回転させることによって「アドレスの再現」がなされ、ダフりやトップのミスが少なくなります。

ダフりやトップが怖いという人は、ボールの置く位置、構え方を間違えているのです。ボール位置を通常のショットのようにスタンス中央にセットして構えたのでは、左肩が開き、左脇が開いてさまざまなミスを誘発することになります。

グリーン近くに来るとボールのライやグリーンの形状など状況を考えずに、7番アイアンを手にするアベレージゴルファーを結構目にします。7番はザックリしにくいクラブというだけで、結果が良くなるクラブということではありません。ザックリがいやなら、ザックリしない打ち方を覚えればいいだけです。「グリーン近くではパターか7番アイアン」と決めつけているレッスン書やゴルフ雑誌の弊害もあるのでしょう。上手な人がグリーン近くで悩むのはサンドウエッジかアプローチウエッジ（ピッチングウエッジ）かの選択がほとんどで、サンドウエッジと7番アイアンの二本を手にして迷う人はあまりいません。

↑アプローチのボール位置／サンドウエッジのアドレスは、グリップ位置は左太ももも前、ボールは右足寄りのハンドファーストとなる

丸山プロはクラブを替えることは基本的に好みませんが、サンドウエッジだけはほぼ一カ月ごとに新しくします。バンカーショットを含めたサンドウエッジの練習量が多いため、すぐフェースの溝の角が丸くなるためです。スピンをかけるアプローチのとき、新品のクラブのカッツとした感触が好きなことも、毎月替え

る下地になっています。

結果が良かったときの感触を覚えることが大切

「インパクトが強すぎ、狙った地点よりはるかにオーバーしてしまう」――。このような悩みを持っている方が結構多いようです。いわゆるインパクトでパンチが入ってしまう状態です。ハンドダウンの構えをしたり、インパクト直前から両手首を利かせてヘッドを走らせるのが一つの原因と考えられます。アプローチは使用クラブのシャフトが短く、距離を必要とするものではありません。手首を固定することによって、ヘッドを走らせないスイングにすることができます。

オーバーしがちの人に見られるもう一つの傾向は「ボールはスイートスポットで打つもの」との固定観念にとらわれていることです。ちょっと高等な技術になりますが、スイートスポットを外し、トウ寄りで打つことによってボールの勢いを殺すことができます。ソフトなアプローチを加えることによって、攻め方のバリエーションが増えてきます。逆にヒール側に当てるとフェースの返りが速くなって強い球になります。

この感覚はパットにも活用できます。下り坂のパットのときなど、この打ち方で微妙なタッチを出すこともできます。トップ気味にストロークすることで、球足の長い転がりにするテクニックもあります。

ゴルフはスイートスポットに当てる競争でなく、結果を競う競技です。アプローチはいかにボールをカップの近くへ寄せるか、あるいは直接カップに沈めてチップインに結びつけるかが目的です。それを勘違いしているアマチュアが多いようです。

トウ気味に当たった感触と、芯を食ったときの感触は別。芯を食ったときの感触が大事なのではなく、結果が良かったときの感触を覚えることが大切です。スコアに直結する最大の要素はアプローチ。意図した距離が出せるようになればスコアアップは間違いありません。

↑アプローチは芯を食った感触を求めるよりも、結果が良かったときの感触を覚えることが大切

バンカーショット

「バンカーショットはカット打ち」は誤り

私の学生時代、日本では「バンカーショットは早めのコッキングでアウトサイドに上げ、そのままカット軌道で打つ」という指導が一般的でした。今でもレッスン書などにそう書いてあるものが多いようです。しかし、ピンが間近なバンカーショット以外、カット軌道は必要ありません。普通のショットと同じく、インサイドからクラブを下ろしていくスイング軌道で結構です。

アマチュアの方にバンカーショットを苦手とする人が多いのは、練習する機会が圧倒的に少ないからです。過去のバンカーでの苦い経験が、動きをぎこちなくしているところもあります。しかし、一度コツを覚えると非常に簡単なショットです。グリーン脇の深いラフからのアプローチよりはるかに易しく、プロがわざとバンカーに入れる攻め方を選ぶことはそれほど珍しいことではありません。

バンカーはソールで打つのが鉄則です。ハンドファーストにならないようにアドレスでは両手の位置が体の中心に来るようにセットし、ややハンドダウンに構えます。クラブを開き、ソールが最初に砂面に接地するように下ろします。バンカーショットが苦手な人は、アドレス時よりロフトを立ててクラブを下ろしているため、砂を爆発できずに終わっています。ヘッドを砂に打ち込む感覚が強すぎるため、ヘッドが抜けず、ボールを一度で脱出できない結果となります。普通のバンカーでは入射角は鈍角で、抜けていくのも鈍角が正解。文字で表せばV字形でなくU字形のスイング軌道を

↑バンカーショットのイメージ／バンカーショットのアドレスは、両手の位置が体の中心に来るようにセットし、ややハンドダウンに構える。ボールの下に紙片を置き、ソールを滑らせながら、紙片ごと振り抜くイメージで打つ

描きます。

米国ではバンカーショットの打ち方を教える際、まな板ほどの長さの板を砂の中に埋め込み、その上にボールをセットして打たせています。ソールを滑らせてヘッドを振り抜き、ボールを出す感覚を覚えさせます。1ドル紙幣や四つ折りのティッシュペーパーの上に置いたボールを、紙幣やティッシュごと振り抜くイメージで打つように、と説明するインストラクターもいます。どちらにしてもリーディングエッジが砂に刺さりやすいカット打ちの誤りが、これで理解してもらえるはずです。

ターゲットに対しフェースは思い切り開きます。開きすぎるということはアマチュアにはほとんどありません。フェースを開くとリーディングエッジは目標よりかなり右を向きます。リーデングエッジが目標方向に正対するように体を左回転させ、オープンスタンスにします。

打ち込む場所はボールの5～10センチ手前。普通のショットではダフリは禁物ですが、インパクトで5センチのズレの許容範囲があると思えば、気持ちは楽になります。普通のスイングと同じように体重を移動しながら、上体が突っ込まないようにスイングします。アゴが高いときは右足体重で、球を高く上げて脱出させます。

エクスプロージョンショットはどんなに遠くに飛んでも30ヤードが限界です。途中でスイングのスピードを抜かず、振り切ることが大切です。減速することが最もいけません。振り幅を決め、そこまで一気に持っていくようにします。砂を薄めに取ればバックスピンがかかり、厚めに取ればキャリーは出ないもののランが出ます。世界のトッププロでもバンカーから1パットで沈める確率はせいぜい六〇%。あまり完ぺきを求めず、グリーンに乗ればOKという気持ちで打つと、おおむね結果も良くなってきます。

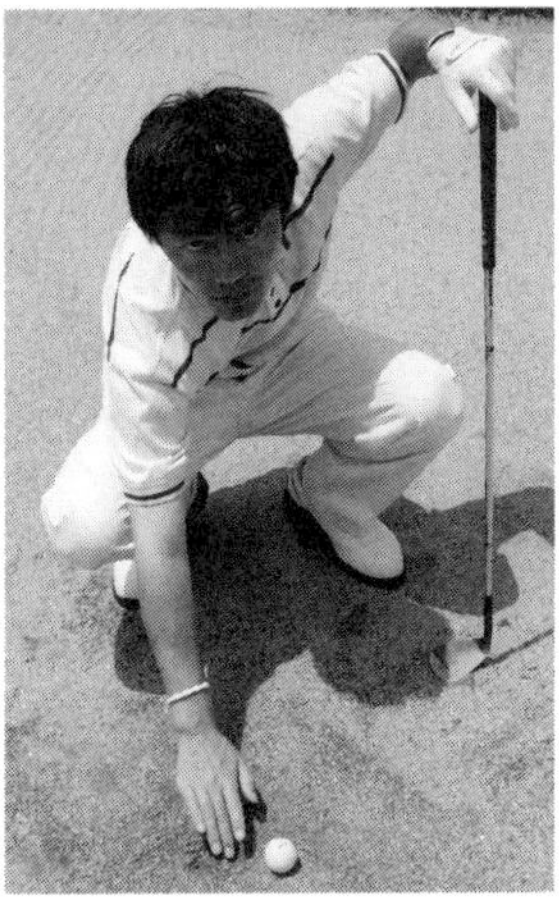

↑U字形のスイング軌道で／打ち込む場所はボールの5〜10センチ手前。上体が突っ込まないようにスイングする

パッティング

パットのインパクトは「点」

「パットに形なし」とよくいわれます。しかし、それはグリーンの状態が良くない時代のことです。昔はロフトのあるパターで手首を使い、上からかぶせながらドンと打つのが普通でした。しかし、現在はコースメンテナンスがしっかりし、グリーンが速くなっています。手首の動きは消え、ストローク主体で静かに打つ方法が、確率を高めるうえで一般的になっています。いかにラインに沿ってまっすぐ打ち出すか。それが重要であり、より機械的な動きが必要になります。昔のような個性的な打ち方は少なくなり、一定の形、法則にのっとって打つプロが大多数です。

パットはセットアップが大切です。土台が狂っていたのではきれいにパターを操作することができません。まずパターを持たずに手をリラックスした状態でだらりと下ろし、スムーズに腕が動く場所を見つけます。そこにパターを持ってきた姿勢がパットの構えとなります。ボールの位置は目の真下で、かつ左鎖骨の下。パットラインと平行の大きなガラス板をイメージし、そのガラス板をなぞりながらシャフトを左右に移動させます。

ストロークは大きく分けてストレート型とインサイド・イン型の二通りがあります。ストレート派は文字通りまっすぐヘッドを動かすタイプで、インサイド・イン派はインサイドからインサイドへ振っていくため、軌道がかすかに円弧を描くという考え方です。丸山プロも私もパターヘッドが常にターゲット方向を向くストレート派です。軸に対し肩を垂直に縦回転で動かし、腕、肩、手首を結ぶ五角形を崩さずにストロークします。

アマチュアの方の多くが勘違いしているのは、手を左右に動かして打つように思っていることです。肩を動かさず、腕だけでパターを押し出すようにボールを打っています。それでは打点が狂うし、

↑正しいセットアップ／ボールの位置は目の真下で、かつ左鎖骨の下。パットラインと平行なガラス板をイメージし、その板をなぞるようにシャフトを動かす

ロフト角も変わってきます。ウッズも体調が悪いときは体幹がしっかりしないため、手打ちになっています。イメージとしては両肩をシーソーか天秤のように上下動させてストロークします。胴体全部がローリングすると思えば良いのです。肩だけでなくへそも一緒に動いていきます。グリップエンドは常に体の中央を指します。手は胴体の動きについていくだけです。

↑胴体全部がローリングする／正確なインパクトのためには、両肩をシーソーか天秤のように上下動させてストロークする

体重の移動はしません。ショットは右から左へ直線的に体重移動を行うためインパクトポイントは「線」となりますが、パットのインパクトは「点」です。それがショットとパットの大きな違いです。バックスイングで左肩が下がり、インパクト直後から右肩が下がる。手が元の位置に戻ってきたとき、構えたロフトなりに若干上がり目になったところがインパクトの「点」で

す。丸山プロのパットがよく入るのは、構えたところに手がきちっと戻ってきてインパクトしているからです。

パットの打球ラインとカーブの頂点は一致しない

パットのラインを読むとき、ボールとカップの両方の後方から傾斜具合を見て、ボールが転がっていくイメージを思い浮かべます。次に打ち出すスピードに合ったストロークを想定します。このときアマチュアの方がよく間違えるのは、スライスライン、フックラインのカーブの頂点にパターフェースを向けることです。それでは途中でボールは切れてしまい、カップ周辺で傾斜の低いほうを通過してしまいます。フェースを向ける方向は出球のまっすぐのラインでなければなりません。ストレートラインのときと同じように、出球の方向にフェースを向ける。出球のラインとカーブの頂点は別の方向にあります。

傾斜しているグリーン上のボールは、打った瞬間からわずかながら低いほうへ曲がり始めます。ボールが減速するに従って曲がりの度合いは大きくなります。カーブの

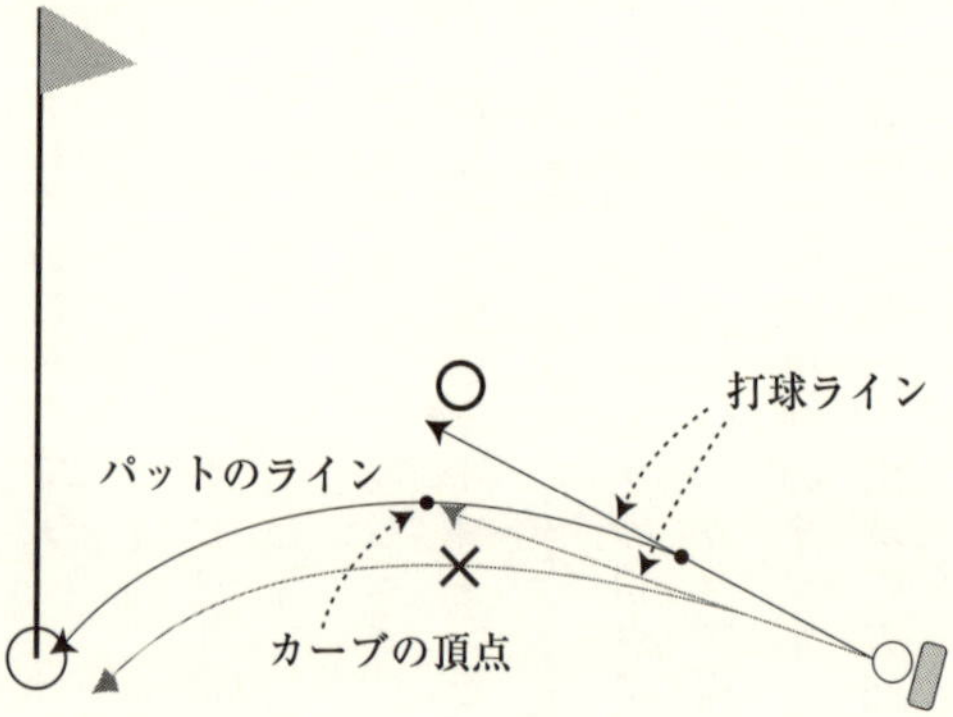

カーブの頂点に向かって打つと、ボールは低いほうへ流れてしまう

頂点は一番大きく切れるところであり、切れ始めるところではありません。ボールは頂点に達する前から、かすかに切れながら転がっていることに気づいていない人が非常に多いのです。

ある統計によると、アマチュアのパットはカップの低いほうへ外す確率が八〇％前後だといいます。ほとんどのアマチュアがカーブの頂点を狙って打つため、早めにカップの低いほうへ流れてしまいます。反対にツアープロが外す場合はほぼ高いサイドです。そこからよく「アマサイド」「プロサイド」という言葉が使われてきます。

プロが傾斜の高い方に外すのは理由が

あります。高いサイドに打った場合、勢いがなくなったボールは停止寸前に真下に垂れるように転がってカップに近づいていきます。運が良ければコトリとカップに消えることもあります。しかし低いほうに打った球は減速とともにどんどんカップから遠ざかっていきます。セカンドパットで決まる確率が違ってきます。

アマチュアの大半がカーブの頂点に向かって打ったため、「距離が足りない」と本能で察知したとき、方向を微調整するための操作が手首で行われます。フックラインの場合は右に押し出す格好になるため、スライス回転がかかることになります。たとえ出球の方向が正しかったとしても、切れずにまっすぐのラインに近くなります。スライスラインの場合は逆に引っかけてフック回転がかかり、これまた切れる度合いにセーブがかかってしまいます。パットの正確性を高めるため、アドレスとパターフェースの向きをいつも確認するようにしたいものです。

第4章

Chapter 4

上手になる人、ならない人

――多くのアマチュアが思考法を間違えている

思考法

ゴルフは耳と耳の間でプレーするもの

練習場に足しげく通い、数多くのボールを打ちながら、上達しない人がいます。何冊ものゴルフ技術書を読み、理論だけならプロはだしなのに、全く実力が伴っていないアマチュアの方も珍しくありません。ゴルフギアにめっぽう詳しいのに、全然スイングに生かされていない方も多く見かけます。これまで費やしてきた莫大な時間と労力、金銭を考えれば、とても割の合わない現実の姿です。

原因はいろいろ考えられますが、最も大きな要因は思考パターンの誤りです。理屈好きの日本人の性質からか、ゴルフを複雑にとらえ、理論のための理論を楽しんでいる様相があります。アマチュアは細かな部分をさらに細かく刻んで、スイングを分析します。プロは逆です。できるだけスイングをシンプルに考え、簡明に具現化します。
また、マイナスイメージでとらえられてきた「憶病」「こだわり」「愚直」などといった資質が、実はゴルフでは大きな武器になることも見落とせません。丸山プロの思考パターンの中に、アベレージゴルファーがヒントになる要素が潜んでいます。けた違いの練習量で作り上げられたプロのスイングをマネるより、思考パターンをマネしたほうが、プロのレベルに近づいていけるといえるかもしれません。
「ゴルフは耳と耳の間でプレーするもの」（ボビー・ジョーンズ）との金言があります。つまりは頭脳、考え方の勝負という意味です。上手になる人、ならない人を区分するものは、まさに思考パターンの違いです。

「流れを読んで、勢いに乗る」――丸山プロのポジティブ思考

その日の1ラウンドの目標スコアを5アンダーとしていた人が、前半の9ホールで5アンダーをマークしたとします。「よし、これで予定のスコアを達成した。この5アンダーを是が非でも守ろう」と手堅くいくか、「今日は何をやっても調子がいい。

↑ボビー・ジョーンズ（米国）／一九〇二―一九七一年。アマチュアとして活躍し「球聖」と呼ばれる。特に一九三〇年には全英アマ、全米アマ、全英オープン、全米オープンと当時の4大タイトルを同一年で獲得するグランドスラムを達成。その後、突然引退し、一九三四年、マスターズトーナメントを創設する

後半も5アンダーを目指そう」と気持ちを切り替えるか。比較的、日本人は前者が多いのではないかという気がします。

前者のタイプは大成しない、というのが私の考えです。プレーの流れが読めていないからです。自分で自分の心にブレーキをかけてしまっています。流れが読める人は前半の記録を白紙に戻し、新たな気持ちで戦うことができる人です。「これまでのことは済んだこと」と、次の目標に没頭して取り組まなければなりません。

二〇〇〇年六月、丸山プロは米メリーランド州ウッドモントCC南コース（6539ヤード、パー71）で開かれた全米オープン最終予選で58という驚異的なスコアを記録しました。前半（パー35）は1イーグル、4バーディーの29。後半（パー36）は7バーディーの29と両ハーフとも20台。予選のため公認されませんでしたが、それまでの最少ストローク記録の59を更新する「世界新記録」です。

そのとき私はまだ丸山プロとコーチ契約を結んでおらず、その場にはいませんでした。しかし、後から聞いた話で丸山プロの真骨頂といえる内容であることが想像できます。

その日の作戦は午後からの雨を見込み、「前半でスコアを伸ばし、後半をいくらかでも楽にしよう」というものだったそうです。スタートするとティーショットの調子が良く、アイアンの切れも快調。パットも素晴らしく、前半で29をマークしました。そうなると「後半は手堅く」という方針を変更し、積極的に攻めてそのまま最終ホールまで突っ走ったということです。

普通なら62か63あたりで止まっていたはずです。いくら気持ちを切り替えたといっても、29で満足している自分が心の中に潜んでいるからです。それを58まで持っていった精神状態は、いわゆるゾーンと呼ばれる、気持ちが究極に集中した状態だったのかもしれません。いずれにしても流れを途切れさせていたら、あの58のビッグスコアが生まれていなかったことは確かです。

強い選手は臆病だ

ポジティブだけの性格で大成した選手は見たことがありません。行け行けの攻撃一辺倒のゴルファーで成功した例もありません。どちらのタイプにも共通しているのは、セーフティーに対する欠如です。ゴルフはそんな単純な競技ではありません。攻めと同時に守りの性格が、ゴルファーには必要な資質です。丸山プロは非常に神経質で慎重です。強い選手ほどいい意味で憶病だと思って間違いありません。

ティーグラウンドに立ってコースを見たとき、フェアウエーのどこがベストの場所で、どこに打つことを避けるべきかを、憶病でなければ的確に判断することができません。行け行けの性格だと最高の落としどころしか見えず、大けがをすることが少なくないのです。風の重さや方向、雲の流れ、地面の硬さや傾斜、ラフの深さにハザードの場所、ピンの位置、自分の調子などを総合的に把握し、セーフティーを計算に入れたうえでクラブ選択や落としどころを決めなければなりません。

最高の場所を狙って、最高の結果を得ることがときにはあります。しかし、最悪の場所に打ったときはどうするのか。それが「保険」を必要とする理由となります。最低でも許容範囲内にボールをとどめる狙いと打ち方が要求されます。ベン・ホーガンの緻密なゴルフは、細心の配慮と慎重さの上に成り立っていたといわれます。

一流のプロはティーグラウンドからだけ見た攻略法はとりません。グリーンのピン位置からも逆算して、第2打や第1打の落とし場所を絞っていきます。パットのとき、ボール側とカップ側からラインを読む。それと同じです。アマチュアはそこまで考えなくても、落とし場所を考える習慣を身につけなければなりません。

プロの実力のバロメーターとして、平均ストロークがあります。年間通しての平均ストロークを上げていかなければ、プロとして通用しません。セーフティーに攻める自制心を持ち、憶病で慎重なゴルフを展開することによって、平均ストロークを守ることができます。ひいてはそれが安定した賞金獲得につながってきます。ミスを侮ってはいけません。小さなミスが命取りになることを、一流選手は自覚しています。丸山プロは細心の注意を払って一打一打に臨んでいます。

細かなことより太い幹から考える

ゴルフ雑誌社やゴルフ用品会社のレッスン会に行くと非常に多いのが、アマチュアからの事細かな質問です。

「グリップのときは小指に力を入れるのか」

「グリップのときに見えるナックルは二つか三つか」

「グリップはパームとフィンガーのどちらが良いのか」

グリップだけでも次から次へと質問が飛んできます。アマチュアの方は実にいろいろなことを考えるものだと、その微細さに驚かされ、感心させられますが、同時に「これではうまくなるはずがないな」という気持ちにさせられます。プロはそのようなことを私に聞いてくることがありません。というより、ボールを目の前にし、ターゲットにボールを飛ばすことに気持ちを集中させたら、そのような細かな部分に意識が行かないのです。

グリップのときにしっかり握るのは左手の小指側三本の指とよくいわれます。私もその意見に異論はありません。そういう意味では、全く方向違いの考え方ではないと思います。だからこそかえって事を複雑にしているところがあります。いっそ間違った理論であったり、突拍子もない見方であれば、だれもそのように考えようとはしないでしょう。重要なことは、その理論が間違っているかどうかではなく、もっと肝心な部分に意識を持っていかなければならないということです。どこに目をつけるかが大切なのです。

アマチュアの方はアドレスでグリップを考えるからわからなくなるのであって、クラブを振りながらグリップを考えると答えは容易に得られます。振りやすいグリップであればどの形でも十分なのです。私が考案した極太グリップの「リストティーチャー」でアマチュアの方にスイングしてもらうことがあります。そのとき「1ナックルか2ナックルか」「パームかフィンガーか」などという悩みに意識は向きません。

フィル・ミケルソンのコーチをしているディーン・ラインマンが「日本人が箸を使うとき、人さし指の使い方や力の入れ具合、手首の角度などをいちいち考える人はいないはず。だがゴルフになるとなぜ細かなことを考えるのだろう」と不思議がっています。「バランス良くクラブが動いているか」。スイング中、プロが考えることはこれだけです。コーチが一番注意して見るのもこの点です。まず太い幹から考えていくようにします。枝葉はその次。グリップなど細かなことは後で考える。思考の順序を変えることが、上達の第一歩です。

プロは「無意識の意識」を大事にする

自分の調子の良いときや悪いときの傾向をまとめ、試合の間、スコアを崩すパターン、ミスになりやすい原因に留意しながらスイングする人がいます。これは、ミスを減らす手段として効果的な方法の一つということはできます。例えば「小指側に力を入れて振ろう」「ちょっと軸がぐらつき気味だからアゴの位置がずれないように」など、ミスショットを誘発する部分に意識を集中します。それによってミスの再発を防ぐことができ、それ以上、状態が悪くなることが避けられるわけです。

しかし、試合で細かな部分に意識を持っていくことで、他の繊細な部分が死んでしまうことも事実です。スイングの細部に注意が行けば行くほど、全体を見失いがちになります。大きな幹に意識を持っていくことで、逆に繊細な感覚が目覚め、大舞台での活躍につながってきます。大きな動きだけを考えたスイングが、潜在能力で大きな力を生み出すことになります。ミスの克服作業は練習中だけに限定すべきです。試合中、プロはできるだけ末端の意識を排除し、「無意識の意識」を大事にします。

例えばフェースを開くクセがあるとします。それをいちいち気にせず、大きな体の動きだけを考えてクラブを振り、振った後にフィードバックして「今、開いていたな」と感じればいいことです。その作業を続けているうちに無意識のうちに悪癖は修正されます。「開きそうだから」と指に力を入れたり、閉じることに意識を集めていれば、それ以上ヘタにはなりませんが、自分の意識の殻を破り、新たな自分になることができなくなります。

この弊害に陥っているのは、アマチュアもプロも同じ。アベレージスコアが１２０、１００、90の人がいたとすれば、それぞれのレベルで細かな考えにとらわれているし、プロであってもシードぎりぎりの選手、予選会レベルの選手というのは、潜在能力を生かせないゴルフをしています。違うのはトッププロと初心者と子供だけ。彼らは小さなことにとらわれず、シンプルなスイングに終始しています。

二〇〇一年十一月、太平洋クラブ御殿場で開かれたＥＭＣワールドカップ最終日にウッズが18番で12メートルのチップインイーグルを見せ、世界のゴルフファンを震撼させました。尾崎将司プロや丸山プロも大舞台で信じられないようなイーグルを決めたりします。これらは多彩な技を持つ横綱朝青龍がとっさに出た技で相手を倒すのと同じことだと思います。頭で考えてやったわけでないから、その技のコツを教えてほしいと言われても、返答に困るはずです。純粋に集中し、勝手に体が反応しているのです。シンプルに物事を考え、その結果、繊細な部分が覚醒して、生まれてくる技なのです。

ワンパターン思考ではうまくならない

プロアマ大会などでアマチュアの方と回ると、変に自分の決まり事を多く作っている人を見かけます。例えばグリーン周りです。判で押したように7番アイアンを使う方がいます。グリーンが砲台であっても、ラフからのアプローチであっても、状況を考えずに7番アイアンを手にします。

それまでそのように教えられてきたのだと思います。例えばインストラクターとのラウンドレッスンなどで、「グリーン周りに来たら、まずパターを使うことを考えなさい。それがダメなら7番アイアンを使いなさい」と指導を受けます。ほとんどのレッスン書にもそう書いてあります。理由はザックリすることが少ないからです。

教えられたことをワンパターン化し、多くの人が「寄せは7番アイアン」などという固定観念を作り上げてしまっています。それではいつまでたっても状況判断はできません。ランニングアプローチが絶対無理な状況で7番アイアンを使うことは、私から見れば自殺行為のようなものです。

「6番アイアンは160ヤード」と決めている人は、打ち上げ、打ち下ろし、グリーンの高低、風の方向や強さなどに関係なく160ヤードを6番で打ちます。数字（番手）が人間の感性、考えを支配してしまっているのです。同じ160ヤードでも5番で攻めたり、7番で打ったりするのがゴルフです。その場の状況に合った最善の手段を考える習慣が、最近は社会全体で薄れている気がします。マニュアル通りの行動なり、指示されたことしかできないビジネスパーソンに、柔軟な対応ができないのと同じです。

ザックリしないクラブだからと7番アイアンばかりを選んでいたのでは、技のバリエーションは限られます。ウエッジでザックリしない方法を覚えれば攻め方の幅は大きく広がり、ボールを右足寄りに置いてボールに近く立ち、ハンドファーストに構えればザックリはグッと減ります。ウッズのように状況によって3番ウッドで転がす方

↑自分のイメージが出しやすい打ち方ができればスコアアップも確実

法が望ましいことだってあります。

バンカーからのショットも、サンドウエッジに限りません。砂の硬さやピンまでの距離などによってアプローチウエッジやピッチングウエッジを使う手段もあります。要は想像力です。自分のイメージの出しやすい打ち方ができるようになると、スコアアップとともにゴルフの面白さがわかってきます。

プレッシャーに克つ

プレッシャーを楽しむ気持ち

一流の勝負師はプレッシャーを楽しむところがあります。丸山プロもそうです。緊迫した場面になるほど充実感に満ちた表情を見せ、信じられないようなプレーを展開します。押しつぶされそうな緊張感を、気合と集中力に転化することができます。プレッシャーを敵でなく、エネルギー源としての味方に変えています。

もちろん丸山プロといえども最初からプレッシャーに強かったわけではありません。ジュニア時代から幾たびもの修羅場をくぐってきた慣れがあります。その間、苦汁をなめてきたこともあるでしょうが、それらの経験を積み重ねて、絶え間のない笑顔とジョークでプレッシャーをはねのけ、リラックスする術を身につけたといえます。

エアロバイクで数分間、インターバルを挟みながら速度の上げ下げを繰り返し、プレッシャー下でも心拍数を上げないトレーニングを続けてきた成果もあります。間近で見てきた二〇〇一年以降に限っても、彼のプレッシャーに対するタフさは目を見張る進歩を見せています。

二〇〇一年のミルウォーキーオープンで初優勝したとき、丸山プロは「プレッシャーで10番からは何をやっているかわからなかった。優勝が決まっても、ギャラリーに応える余裕がなかった」と語っています。プレッシャーに耐えるだけで精いっぱいのところがありました。ところが、一年後の二〇〇二年、バイロンネルソンで2勝目を挙げたときは「テンポ良く落ち着いてプレーでき、笑顔で締めくくることができた」という言葉に変わっています。プレッシャーを心地良い緊張感に変え、試合を楽しむゆ

とりを見せています。

同じ二〇〇二年十二月のEMCワールドカップ最終日で終盤、対戦相手のフィジーチームがパットをする前にギャラリーがぞろぞろ動き出すのを、丸山プロは両手を上げて一生懸命制止していました。優勝を争っているなかでのこの配慮と落ち着きぶりは、一九八〇年の全米オープン（バルタスロール）の18番グリーン上でニクラウスが青木功プロに見せた気配りをほうふつとさせるものでした。試合の流れを読み、他者をおもんぱかる余裕まで見せることができる自分に、彼自身、精神的な成長を見たのではないでしょうか。

アマチュアもまずプレッシャーを楽しむ気持ちが大切です。しびれの来ないプレー

↑プレッシャーを心地良い緊張感に変え、試合を楽しむ気持ちが大切

は、アルコール分の抜けたビールを飲んでいるようなものです。いいかげんにやっているときは、しびれも感じないが、充実感も感じることがありません。発想を変えるのです。集中し、真面目にやっているからプレッシャーに襲われる。それがゴルフの面白さであり、醍醐味です。ポジティブに考えれば、決して毛嫌いするものでないし、逃げ回るものでもありません。プレッシャーを経験し、それをはねのける闘争を楽しむべきだと思います。

ショット前は最良と最悪の二つだけを考える

ゴルフは四時間を超す長丁場の競技です。ショットのたびに頭の中でいろいろなことを巡らせていたのでは、心身とも疲れ果て、集中力をなくしてしまいます。考えることはできるだけシンプルで少ないほうが良い。といっても最高のショットばかりをイメージするポジティブなだけの選手ではスコアをまとめることができないし、セーフティー優先ばかりでも消極的すぎます。

一流の選手は最良と最悪の二つだけをイメージしてショットします。最悪を回避し、最良を目指していきます。最良なら申し分ありません。問題は最悪のときです。最悪の事態の対処法を用意しておけば、実際にそうなってもうろたえることがありません。といっても最悪の事態を想定することと、「うまくいかないのでは」と悲観的になることは全く別です。最悪の事態を覚悟し、日ごろからトラブルショットを練習しておくことが前提になります。

一流になれないプロはあれもこれもと考えるため、ハーフターンなり18ホールを終えたとき消耗し切ってしまいます。だから二日間で燃え尽きてしまうのです。仮に予選ラウンドを通っても三日目にボロボロのスコアをたたいてしまいます。アマチュアの人がよく終盤に崩れるのは、雑念や欲望から余計なことを考えすぎてスタミナ切れを起こすからです。

ウッズの強さとすごさは、「攻」と「守」のバランス感覚にあります。長距離砲の威力に加え、卓越したアプローチとパットを兼ね備えています。ガンガン飛ばすだけで簡単にボギーをたたく選手は、決して恐れられる存在になりません。ウッズはティーショットで曲げても、その後の鮮やかな対処で逆にチャンスに変えてしまいます。目標は高く持ち、トラブルになったときはうまく対処します。常に最高と最低を想定しているから、慌てることがありません。守りを固めておいて、最高を追求するゴルフを貫いています。

そのあたりのバランス感覚は丸山プロも一級品です。彼はゴルファーでなかったとしても成功していたと思います。車のセールスや銀行などビジネス界で働いていても、芸能人や技術者になっていても、自分が情熱を注げられる仕事であれば第一人者としての地位を築いていたと想像できます。周りの空気を察知し、押すところは押す、引くところは引くことができるのです。

アマチュアの方が「丸山茂樹に近づきたい」と思ったとき、打ち方をまねることも一つの方法ですが、それより彼のメンタル面を学んだほうがより近づくことができるのではないかと思います。体力、柔軟性、練習量、熱意、才能、環境が違いすぎるプロのスイングをまねることは、しょせん不可能です。それならゴルフに対する取り組み方、考え方、バランス感覚などを学んだほうが参考になるのではないでしょうか。

タフな精神力がゴルフを強くする

全米オープンは世界で一番厳しいコースセッティングが特徴です。会場は毎回変わりますが、いつの年も深いラフと狭いフェアウエー、長い距離で選手の能力を試しています。飛距離と正確性、的確なコースマネジメント、タフな体力と精神力――。これらすべての要素を兼ね備えている選手でなければ、上位に行くことができません。

二〇〇二年の大会後、丸山プロがこう感想を漏らしました。

「四日間これだけいじめられるとだんだん快感になり、最後のほうは気持ち良くやっていた」

この言葉にかつてのひ弱さはありません。耐える楽しみを知り、挑戦意欲を燃やしていく。強じんな精神力が、初日96位と大きく出遅れた位置から、最後は16位へと上昇させました。

丸山プロはコース内だけでなく、日常生活でも常に危機感と闘っています。弱肉強食の世界で現在のポジションに瞬時でも甘えているわけにいきません。日本のゴルフ界を背負っているという使命感も強く持っています。いつもぴりぴりした精神状態でいます。タイトルをとり続けてきたジュニア時代から、そんな緊張感や強迫観念を日常としてきています。常人には耐えられないプレッシャーです。

コーチとして世界のトッププロを数多く見てきた感想は、「いかに彼らは苛酷な状況に身を置いているか」という思いです。苛酷な道と安易な道があれば、あえて苛酷な道を選ぶ人がプロスポーツマンとして成功しています。自虐的と思えるほど、ストイックな日々を送っています。青木功、尾崎将司両プロがあれだけ長く活躍している裏には、想像に絶する努力を長期間にわたって重ねているからでしょう。

練習は試合のように、試合は練習のように

練習場ではナイスショットを見せるのに、ラウンドに出るとミスショットを重ねるアマチュアが多いようです。「ブルペンエース」「稽古場横綱」といった言葉があるので、ゴルフに限ったことでなく、野球、相撲などスポーツ全般に起こりうる現象のようです。本番に弱いのは日本人の性格なのかもしれません。

対策の一つとしては「練習は試合のように、試合は練習のように」という意識を持つことです。普段の練習のときから、実際にコースに出ていることを想定して打ちます。ゴルフには試合当日、別の場所で練習してから本番のラウンドに臨むという特有の事情があります。サッカー、野球、テニスなどのように試合前の練習と試合を同じ場所でするわけではありません。ラウンド前は一層、本番を意識した練習が必要となります。練習のための練習に終わっている人が多いのが現実です。

米ツアーの女王、アニカ・ソレンスタムのコーチであるピア・ニールソンによると、ソレンスタムは練習のときから一球一球クラブを変えるそうです。それもプレショット・ルーティーンを毎回行い、狙い所を決めて打ちます。コースに出れば毎ショット、打つ方向が変わり、違うクラブで攻めます。練習場にいるときから、実戦の雰囲気、プレッシャーを感じるようにするのです。

コースに出たときは、逆に練習場で打っている気楽さを流用します。それでなくてもスタートのときは緊張するもの。鳥かごの中で打っているイメージを普段のラウンドから訓練しておくことで、プレッシャーのかかり具合が違ってきます。

練習場で見せるボールをコースで打てないもう一つの大きな原因は、セットアップの狂いです。「練習場ではいいのだが」という人に詳しく聞いてみると、実際は練習の途中から良くなるというのが大多数です。練習場はマットを使用するため、体の向きを合わせやすい。球の位置が狂ったり、肩の高さがずれていても、何球か打つうちに微調整され、適正な状態になります。同じ位置で続けて打っているからナイスショットが出てくるのです。練習の1球目から良い当たりをしているわけではありません。そのあたりを勘違いしている人が少なくありません。

「ラウンド前に球数を多く練習し、1番ホールに行ったときは、4番ホールを迎えた気持ちで」と指導するインストラクターもいますが、大多数がそういう問題ではありません。練習場で途中からなぜ良くなるかを知っていなければ、いつまでたっても練習場だけでしか良い球は打てません。ブルペンエースといわれる投手も、ブルペンでの1球目から良い球を投げているわけではありません。何球か投げて、途中から良くなっていくのです。いきなり良い球を求められるのが本番です。

コースにマットはありません。しかも1球ごとに状況は変化します。レイアウトによって錯覚を起こしやすいホールもあります。体とボールの距離感もずれてきます。本人はターゲット方向とスクエアに構えているつもりでも、とんでもない方向を向いていたりします。どこを向いているかわからない人が、ナイスショットすることはありえません。プロアマ大会で構えを直してあげただけで、その日一日ナイスショットを続ける人が結構いるものです。

ゴルフはボールだけではなく感情や考え方もコントロールする競技

二〇〇二年の全英オープン最終日、丸山プロは単独首位でハーフをターンしました。しかし、10、12、13番をボギーとして後退。この間の数ホールで見せたリズムのわずかな乱れが、ショットの精度を少なからず狂わせました。タフな精神力を持つ丸山プロをもってしても、ときには平常心を失わせる怖さがメジャーにあります。一九九九年の全英最終日の18番で、ジャン・バンデベルデがトリプルボギーで自滅、プレーオフに敗れてビッグタイトルを逃したことも記憶に新しい出来事です。

レベルは違いますが、100や90を切ることを目指しているアマチュアの人が、最後のホールで大たたきして目標達成に失敗したりするのも、力みや過剰意識でリズムが変わってしまうためです。そのリズムを保つ役目をするのがプレショット・ルーティーンやワッグルです。いつもの決まった手順が、普段のスイングスピードとリズムをキープする働きをします。ウッズもプレショット・ルーティーンは非常に重視しています。宮本武蔵は「五輪書」で「常と変わらぬ心を持て」と書いています。「常の心」を失うと敗れるからです。

とはいえ平常心を保つことは、言葉でいうほど簡単なことではありません。対策として自分のミスの傾向を知っておくことが、被害を小さくし、ひいてはいつもの自分を保つことになります。つまりは理論武装です。私の場合はドローヒッターなので、ミスショットするパターンは、クラブが寝て入るか、球をつかまえようとしすぎるか、体が止まるかの三通りがほとんどです。しかし、対処法を知っているため、左に曲がる幅を半分にとどめることができます。大けがせずにすむため次のホールにつなぐことができ、徐々に調子を取り戻すことができます。

普段から冷静に状況判断する目を養っておくことが大切です。いつも行き当たりばったりでは成長しません。格好の例として丸山プロが米ツアーで初優勝したミルウォーキーオープンがあります。最終日の最終18番（パー5）で第2打をスタンドに打ち込み、グリーン奥のラフの深いドロップエリアから打つことになりました。問題はそのときの攻め方です。

丸山プロは第3打のアプローチの難しさを考えて無理にバーディーを狙わず、確実にパーを取りにいくことを決めました。成功率の低いショットでボギーとしてしまうより、パーをセーブしてプレーオフに残るほうを選択したのです。初優勝を争い「全身が心臓みたいだった」と言いながら、冷静に状況を見て判断できたのは、平常心を失っていなかったからです。

アマチュアの人は自分の腕を忘れて悪い状況やライから強引に攻め、失敗してしまうことが少なくありません。しかも本人に無理な攻めをしている自覚がないため、何度も同じミスを招いてしまいます。練習場でうまく打てたからといって、同じ球が本番で出ると思うのは甘い考えです。ゴルフはボールをコントロールすると同時に、感情や考え方もコントロールする競技なのです。

「負けず嫌い」が窮地を脱出させる

丸山プロの瀬戸際での底力は素晴らしいものがあります。用具メーカーの担当者など彼の周囲にいる人たちは「怒りのパワー」と呼んで、窮地に立ったときの反撃を信じています。コーチとして比較的冷静にプレーを見る私も、二〇〇二年八月のメジャー最終戦、全米プロ選手権の第2ラウンドで見せた彼の粘り強さには改めて感心しました。

インの10番スタートだった丸山プロは、3ホールを残して通算6オーバーでした。丸山プロが予想した予選カットラインは4オーバー。2打を縮めるための猛チャージが3ホールで展開されました。まず7番（パー5）で2オン狙いが失敗し池に入れたものの、残り42ヤードの第4打をピン50センチにつけてパーセーブ。8番（パー3）では5メートルをねじ込みバーディー。9番（パー4）も110ヤードの第2打をピン1メートルにつけて連続バーディーを決め、青木功、中嶋常幸両プロに続く日本人選手三人目の年間メジャー全戦予選通過を達成しました。

スコアが伸びず、窮地に立つと「今週はダメだ」と、ネガティブになるのが普通です。ところが丸山プロはあきらめることなく、危機的状況から盛り返していく。負けず嫌いの気持ちがむくむくと起きあがり、それまで少し散漫だったショットがピンに絡み始め、バーディーラッシュに変わっていく。ピンチをはね返す根性を発揮します。

「劣勢になったときはもろい」「トラブルに弱い男」と評価されたら、戦う相手につけ込まれるだけです。丸山プロは戦意を喪失したり、ピンチでおたおたしたり、屈辱的な結果を受け入れることが許せないのです。この精神的な強さは、ゴルフの技術力で作られるものではありません。私の想像をはるかに超えた、私の教えることのできない世界です。

彼は小学生時代から神童と呼ばれ、現在までトップランナーであり続けています。その間、調子の良い日、悪い日というのがあったはずですが、スコア的にそれほど変わらない安定感を維持しています。調子が悪くてもトップ10に何度も入っています。好不調の波を少なくし、一定の出来を常時保持する能力は、他のトッププロにないものです。

ピンチをしのぐ粘り強さ、トラブルに立ち向かう強じんさは、アマチュアゴルファーがプレーするときにも必要です。ゴルフをビジネスと置き換えても、同じく求められる資質ではないでしょうか。

スコアメーク

メリハリをつけたゲームプランができれば90は簡単に切れる

90のスコアを切ることが、アベレージゴルファーの一つの壁になっています。すべてボギーペースでホールを消化し、1ホールでもパーがあれば90を切れるのだから、何も難しく考えることはありません。70台や80台の前半を常時出すというかなりのハイレベルにいくには、実際に何度もコースに出ることが必要になります。スコアに直接結びつくショートゲームを鍛えなければならないからです。しかし、90を切る段階では、特別ショートゲームのうまさは求められません。頭を使ったゲームマネジメントができるようになれば、週一回程度の練習で軽くクリアできるようになります。

丸山プロは我慢すべきホールとバーディーが計算できるホールをきっちり頭に入れています。基本的にはパー3はバーディーか悪くてもパーに収め、パー5でバーディーを取る。残りのパー4でどれだけバーディーを奪うことができるかが、ビッグスコアになるかどうかにつながってきます。二〇〇三年はこのパー4でいかにスコアを良くできるかを課題にしています。

アマチュアにとってもこの丸山プロの考え方は参考になるはずです。18ホール中、パー3とパー5をパーで収めれば、残りのパー4の10ホールをすべてボギーとしても82のスコアで上がることができます。90を切ることが目標であれば、あと7打も「貯金」があることになります。なかにはパー3やパー5で一個か二個バーディーを決めたり、パー4でパーを取ることだってあります。そうすればもっと貯金は増えてきます。無理にドライバーでティーショットしたり、苦手なロングアイアンでグリーンを攻めたりする必要はありません。過信を挑戦と勘違いしているアベレージゴルファーが非常に多いのが現実です。

プロのトーナメントなどで「我慢のゴルフ」という言葉がよく言われます。しかし、すべてのホールを我慢しているのではありません。攻めるホールがあり、耐えるホールがあります。すべて攻めていっては無謀な戦いを挑むことになり、我慢のゴルフばかりでは緊張の糸が切れてしまいます。メリハリをつけたゲームプランができれば、90の壁を乗り越えることは難しくありません。

スタートホールの第1打はどう打つか

スポーツで死亡率が一番高いのは、意外にもゴルフだそうです。それもグリーン上のパットのときと1番ホールでのティーグラウンド上が多いといいます。スタートホールでのティーショットはそれほど緊張するということです。米ツアー最多の82勝を挙げたサム・スニードが「1番ティーで何を考えるか」と聞かれたとき、「チョロしないように考えている」と答えたという逸話が残っています。

確かにいきなり第1打をダフってチョロしたり、池に落としたり、OBゾーンに飛んで行ってしまったときは、頭が真っ白になり、がっくりと気落ちしてしまいます。一日の始まりがそれでは、暗闇の中に突入する気分になります。ショックからその後の数ホール、悪ければその日一日のリズムが乱れてしまう恐れもあります。大事な大会だからと何週間も練習してきたときほど、体は思うような動きをしてくれません。ボクシングでいえば、初回に大きなダメージを受けてしまった感じです。

アマチュア時代、「日本」が付くタイトルを何個も取っている方がプロテストの朝イチのショットのとき、「フェースに球が当たるだろうか」と、真剣に思ったという話を聞いたことがあります。私もプロアマ大会などで久々にラウンドしたとき、最初のホールは「どうやって振るんだっけ？」と言い、「いつも教えているじゃないですか」と冷やかされたことがあります。理屈でなく、感覚がわからないのです。ひどいショットで丸山プロの名前を傷つけては申し訳ないというプレッシャーもあります。そのような状況で会心のショットを期待するほうが無理です。

まず精神的な準備としては、何も期待しないことです。「ボールが見えるところに飛んでくれれば十分」という気持ちで打つことです。林に入っても、少々の深さなら打つことができます。プレッシャーを軽くすることで余計な力みが取り除かれ、体の動きはいくらかでも滑らかになります。とにかくみんなが見ている1番ホールのティーグラウンドから離れられれば上々です。もう一度打たなければならないOBだけは、何としても避けなければなりません。仮にナイスショットしたら、それは予定外の結果なのです。「芯を食わそう」などとは決して思わないことです。

技術的には、トップ気味、そしてできることならヒール目のインパクトを打つようにします。トップのヒール球なら変なこすり球になっても、ライナー性の低い球で飛んで行き、見える範囲に落ちてくれます。「ダフり、トップに曲がりなし」といわれるように、横に大きく曲がる最悪の状態は避けられます。

アマチュアの方も、「最悪、ゴロでもいい」という気持ちで臨めば結構うまくいくものです。私自身もスタートホールのティーショットでは「飛距離を出そう」「フェアウエーをとらえよう」などという欲を持たず、トップでヒール目に当て、低い球が出てくれれば満足です。

スコアメークにはロングアイアンよりショートウッド

5番アイアンが打てない、というアベレージゴルファーが多いようです。ましてや3、4番アイアンはもっと難しい。フェースのロフトが立ち、ソール幅が薄く、シャフトは長い。正確にインパクトポイントをとらえることは容易ではありません。5番アイアンを打つには最低42m／S以上のヘッドスピードがなければ浮力が働かず、ボールは上がりません。一般アマチュア男性のヘッドスピードは40m／S前後だから、ロングアイアンはバッグの中に入れていてもまず無用の長物となります。

5番アイアンが打てないのなら4番アイアンを練習すると良い、というレッスンプロがいます。4番アイアンを打った後なら、5番アイアンは易しく感じるという論法ですが、この逆療法に私はあまり賛同できません。無理にボールを上げようとしているうちに、スイングが崩れてしまうことを心配するのです。好結果につながる前にスイングを壊してしまったのでは元も子もなくしてしまいます。

ロングアイアンが使えないのなら、その代替品を入れ、十四本のクラブをすべて有効に使うことを勧めます。3、4番アイアンの代わりなら、同じ距離が出る7、9番あたりのフェアウエーウッドを入れるのです。最近は5番アイアンの飛距離に相当する11番ウッドも出てきています。いわゆる「ショートウッド」と呼ばれるものです。

最初はパワーのない女性や年配者の間で使われ出し、女子プロに浸透。現在は男子プロでも片山晋呉プロを筆頭にかなり広がっています。米ツアーでは二〇〇三年全米オープン覇者のジム・フューリクやパワーのあるビジェイ・シンといった選手たちまで好んで使っています。かつては「年配のアマチュア用クラブというイメージがあって、我々が使うのは恥ずかしい」と尻込みするプロが多かったのですが、今はそのような雰囲気は払拭されています。

ショートウッドの最大のメリットは、重心が低いため、非力な人でも楽に球を上げることができることです。高い弾道が出るので自然とキャリーは伸び、球は止まりやすい。しかも多少ダフってもソールが滑るため大きなミスとならずにすみます。ロングアイアンでのダフりは、距離の出ない最悪の結果を招きます。力みが消えればスイングプレーンが安定するという効用も生まれます。ロングアイアンを長時間の猛特訓で使いこなすようにするより、スコアメークと省エネを考えるなら、ショートウッドに変える選択肢をとりたいものです。

ロングアイアンを使いこなしている上級者にとっても、球が止まるショートウッド

↑芯をとらえやすいショートウッドはスコアメークに最適

は距離をコントロールしやすい利点があります。ロングアイアンはグリーンをとらえてもボールが止まりにくく、奥にこぼれる可能性が高い。風の強い日、地面が軟らかいコースはロングアイアン、風が弱く、地面が硬いコースはショートウッドといったように状況によって使い分けると攻撃の幅が広がります。

打つ際の注意点としては打ち込むことをせず、ボールの横から払う感じでスイングすることです。浅い入射角で芝の上を滑らせるため、インパクトゾーンが長くなり、方向性が良くなります。アドレスしたときの右手首の角度をできるだけ変えず、フェースをスクエアに保ったまま振り抜いていくことが大切です。風のある日でもアベレージゴルファーにとっては芯をとらえやすいショートウッドで攻めたほうが、結果的に距離を稼げると思います。

中途半端な距離は短いクラブで

7番アイアンで普通のショットをすれば155ヤード、8番アイアンなら145ヤード飛ぶとします。それではその両クラブの中間の150ヤードの距離を打つとき、どちらのクラブを使えば良いか。ラウンドをしていると、このような選択に迷うことが何度かあります。プロの間でも答えは分かれると思います。往々にしてアマチュアは自分が思っているほど飛距離の出ない人が多いのですが、8番で確実に145ヤード打てるという前提付きなら、私は短いクラブで打つことを勧めます。

一般的に受けグリーンが多いため、次打のことを考えると、手前に落として上りのパットを残したほうが易しくなります。長めのクラブで軽く打った場合、力みがない分きれいに芯に当たってピンをオーバーし、下りの寄せやパットを強いられることがよくあります。パットやアプローチは手前から攻めるというのが原則です。

かつては小さな2グリーンが多かったのですが、近年は1グリーンのコースが相当普及し、グリーンが大きくなっています。よほど手前にカップを切ってない限り、ピン手前は10ヤード、20ヤードのスペースがあります。仮に多少薄く入ってショートしても、花道にボールを置くことができます。ピンに届かないことを最初から覚悟して打つのだから、「飛ばさなければ」と力むことは禁物です。

林に打ち込んでしまったときも、その人のスイングのタイプによって選択が違ってきますが、基本は安全策です。グリーン方向に狭い空間があるからといって、自分の技量を考えずに狙うのは無謀です。木に当たってもっと深い場所にはね返ったり、OBになってますます深みにはまってしまうことになります。ミスは潔く認め、まずフェアウエーに戻すことを第一に考えるべきです。

アマチュアであれば「たかが遊びのゴルフ。冒険を楽しまなければ」という考えもわかります。「おじけづいて安全策をとっていたのでは、相手になめられるだけ」と積極策を勧めるプロもいるでしょう。それはそれで一つの行き方だし、状況によってギャンブルしなければならないケースもあります。しかし、リスクの大きさは覚悟しておかなければなりません。いずれにしてもコースマネジメント、つまり考える習慣を普段からしておくことが大切です。

「身の丈を知る」ことがスコアメークの鍵

「内藤さんはめったにラウンドをしないのに、ちゃんとゴルフになっているね」

矢野東プロとゴルフをしたとき、そう感心されたことがあります。それは私が無理なゴルフをしないからです。身の丈を知っているから、自分に過大な期待をしません。

「ボールは見えるところにあれば良い」というくらいの気持ちで打っています。特にスタート直後の数ホールはリズムに乗りにくいため、落としどころの範囲を広く考えます。

パー5のホールで第2打をナイスショットすれば、グリーンまで残り100ヤードのところに飛ぶとします。しかし小さなミスをして残りが150ヤードになっても、次のショットにそれほどの差しさわりはありません。少し長いクラブを持てばいいだけです。天候や体調、気分、ラフやグリーンの状態が毎回違うのだから、いつも同じ調子というわけにいきません。ときには左に行ったり、ダフったりします。ナイスショットばかり求めても無理な話です。

私も最初から60台のスコアを目指すと80台をたたいてしまいます。とりあえず75あたりを目指しているから、いつもそのあたりで収めることができます。ただ、何かの拍子にハーフを2アンダーでターンしたりすることがあります。「よし、今日は調子がいい。後半は目標を変えてパープレーで」と回ると、次のハーフも1アンダーで終え、トータル69を記録することがあります。しかし最初から69を狙っていたわけではありません。現在の私の練習量を考えると、69を目標とすることは無謀な挑戦です。

プロだって簡単に出せるスコアではないのです。「無欲の欲」の結果です。

基本的に私は18ホール中、一発も芯を食わないことを想定してラウンドします。「このホール、3番アイアンで芯を食えば池を越えるぞ」というところは、絶対に3番アイアンを使いません。「芯を食うはずない」と思っているから、飛距離が少し長くなる5番ウッドを手にします。「もしこすってしまったら池に入る」と考えた場合は、躊躇なく3番ウッドに変えます。

もちろん、池の向こう側がOBゾーンだったりする場合は3番ウッドは使えません。しかし、池越えの状況でグリーンの奥がOBゾーンなどというコースはめったにありません。土手になっていたり、バンカーがあるのが普通です。3番ウッドで芯を食って土手に行っても覚悟の上だからあきらめもつきます。こすり気味の球でうまくグリーンに乗ったら「もうけもの」。完ぺきを求めすぎると墓穴を掘りかねません。自分の腕前や練習量など現状を認識し、許容範囲内ならOKと考えることがスコアメークにつながります。

トップビジネスマンはプレーに雑念がない

ゴルフのスイングを見ていると、その人がどのような意図を持って打っているかがわかります。オーバースイングしていながら、「ゴルフはスコアが肝心。飛距離は関係ない」と思っている人はいません。飛ばしたい願望がオーバースイングという形になって表れるわけです。右肩が下がってダフるというのは、すくい打ちして球を上げたいという気持ちの反映です。

概して若い人は雑念、欲望の固まりといっていいでしょう。「300ヤード飛ばしたい」と力みかえりながら「フェアウエーセンターをとらえたい」と虫のいいことを考えたり、スライス球しか出ない人が「ドローボールであの木を越えたい」と思ったりします。相反し、矛盾するようなことを三つも四つも考えながら、毎回会心のショットを願ってスイングしています。これではいい結果が出るわけがありません。

それに対し、企業のトップに立っている方やエリートビジネスマンは非常に素晴らしいゴルフをします。別にスコアではありません。考え方やプレースタイルです。む

ある　やみやたらに欲望をかきたてないから、雑念がありません。あるところは求め、あるところは我慢します。できることとできないことをわきまえています。そのうえでゴルフに関する知識を増やして上達に励んでいます。

身体能力でハンディがあったり、飛ばす技術が足りなかったり、アプローチの打ち方を間違えているなど技術的、体力的な理由で、彼らは90くらいのスコアでとどまることが多いのですが、それらはデスクワークが主であったり、年齢的なことからきているからであって、ゴルフの完成度はプロ並みといって過言ではありません。

自分のスタイルが確立しているからリズムが良く、プレーが速い。スイングもシンプルです。そのためだれと一緒にラウンドしても「プレーをしていて回りやすい」と言われます。天候や自分の体調、同伴者に影響されることが少ないのです。いつも自分の持っている力の最大限に近いスコアで回ってきます。精神的な成長というものがゴルフにそのまま出ています。もっとも、そのような人物だからこそ企業のトップになることができるのだと思います。

気持ちの切り替えを5ホールごとにする

ゴルフはその日のラウンドの中で、明と暗を繰り返しながらホールを消化していきます。長いスパンで見た場合も、好調な時期、不調な時期と波を描きます。気持ちの切り替えがうまくできることは、ゴルフの上達に求められる資質です。ゴルフを始めて日が浅く技術的に未熟であっても、気持ちの切り替えが上手な人は、これから腕前がどんどん上がる可能性を持っています。

ラウンド前、目標スコアを立てる人が大多数だと思います。78を目標とした人が1、2番ホールでバーディー、バーディーときたら、前半の目標スコアをアンダーパーに切り替え、気持ち良くプレーを続けていくことができます。問題はスコアが悪いときです。いきなりOBを打ってダブルボギー、2、3番もボギーときたときに目標を下方修正できるかです。とりあえず目標スコアはハーフ40、悪かったら41でもOKと考えなければ、集中力が切れてしまいます。

私自身は自分の調子を探りながら、5ホールごとに目標設定を変えています。悪いときは現状を受け入れて下方修正し、光が見えてくるところまで必死に耐えていきます。「こんなはずじゃない」と思って無理を重ねていくうち、もっと泥沼にはまり、パニックに陥ってしまう。上司やお得意さんの前でクラブをたたきつけたり、キャディーに八つ当たりするなど見苦しい姿を見せてしまうことになります。

ウッズの「テンカウントルール」は有名です。怒りなどの感情を抑え、静める方法です。「ミスしたとき、怒りを感じても良い。しかし、十数えるうちか十歩歩くうちに忘れなければならない」というものです。次のショットまでミスを引きずっては自滅するだけ。ウッズのすごさは、ショットのみならず感情もコントロールできる強さです。

登山で最も危険なのは、悪天候になっても予定通り進むことに固執することです。予定を変更し、下山する勇気が必要です。この場合のように、初志貫徹がときには危険を招くことがあります。臨機応変に対処すれば、被害は小さくて済みます。ゴルフも状況を見ながら、その場の的確な判断が重要です。心の柔軟性が賢いプレーにつながっていくのです。

晴れの天気予報が狂って雨のラウンドとなったとき、「傘をさして歩くことで、周りと遮断されて集中力が増す」と考えるか、「せっかくのゴルフが雨とはついていない」と嘆くかで、プレーの内容にも違いが出てきます。気持ちの切り替えがスコアを左右します。

上達法

現在のスイング理論を否定することから上達が始まる

二十年、三十年とゴルフをしてきた人は、ほとんどが自分なりに解釈したゴルフ理論を持っています。初めてクラブを握った一打から今日の一打までの何万、何十万発が、血となり肉となって体内に情報が蓄えられ、独自のスイング論を作り上げています。言ってみれば経験則の集大成が、現在のスイングです。

しかし、その理論がこれからも役に立つのかといえば、そうとは限らないのが現実です。自分が築いた理論はこれまでの自分を作り上げただけであり、次のステップアップを保証するものではありません。自分なりの理論を構築したことにより、それ以上ヘタにはならないが、上手にもならないわけです。

私が教えてきたプロの中にも「僕は今までこのやり方でやってきた」と、従来の理論の枠にとどまり、新しく一歩を踏み出すことに躊躇する人がいます。私から見ると固定観念に縛られているように思えます。そのようなプロほど上達は遅々として進まないし、大成も見込めません。これまでのセオリーを永遠の法則にしてはいけないのです。

ショットの種類によって一打一打、アドレス時にボールのどの部分を見るかを変えている人がいます。アプローチを打つときはボールの左側（ターゲット側）、スライスを打つときはカット打ちの軌道だからボールの右足寄りの外側、ドローを打つときはインサイド・アウトだから右足側の内側の部分を見る、といった風に細かく分けています。

アプローチでザックリばかりしている人に「ボールの左側を見て打つように」と指摘して、ザックリがなくなるケースはあります。しかし、それはたまたま結果が良かっただけで、万人に通用するアドバイスではありません。第一、そのような細かなところに神経を使っているようでは、それ以上の成長はありません。基本的にゴルフスイングは小さなところに意識を持っていてはいけません。「ボールはボーッと見て、もっと大きな部分に気を配りましょう」といっても、「いや、今までそうしてきたのだから」と小さなことにこだわりを見せる人が少なくありません。

ビジネス社会でも過去にとらわれた発想や細かなことに縛られていて、良い仕事をしたためしがないと思います。答えを暗記することに力を注ぐ受験勉強が、その後の社会人生活にあまり役立たないことはみんなが知っています。暗記力と独創力は別物です。企業で大事にされるのは進取の精神です。ゴルフの上達も同じだと思います。

目標設定を明確にすることで、今何をすべきかがわかる

日々の練習でも明確な課題を持って取り組むことが、モチベーションの向上につながり、練習密度の濃さを変えていきます。これはアマチュアにも同様に言えるし、ゴルフに限った問題でもありません。漠然とかすんだ状況から靄を払いのけ、目標をクリアにする思考方法が、上達のスピードを上げてくれます。

例えば三年後にマスターズに出場することを目標にします。それには二年後は賞金王になるくらいの力をつけていなければなりません。賞金王になるにはどうしたらいいのか。一年後には常時優勝争いに顔を並べる選手になっていなければなりません。そのためには半年後にどうなっていなければならないか。三カ月後、二カ月後にはどうなっていなければならないか。それには今週どうするか。そのためには今日、何をしなければならないか。それには今、何をすべきか……。目標達成まで逆算して一つひとつ段階を考え、目標意識を明確にします。

ウッズは幼いころから自分の部屋に紙をはって、ニクラウスの幼年期からの成績を書き込み、その記録を更新することを自らに課してきました。実際にウッズはニクラウスの史上最年少記録をことごとく更新したばかりか、ニクラウスが成し遂げなかった全米ジュニアや全米アマチュアの三連覇までやってのけました。プロになってからも従来の記録を次々と破ることを、己の使命と意識しています。ニクラウスの歴代1位のメジャー通算18勝も、バイロン・ネルソンの年間18勝（一九四五年）の最多記録も、ウッズの目標の一つに入っていることは確かでしょう。

丸山プロは小学生のときからプロゴルファーになることを夢見、授業が終わった後

↑ジャック・ニクラウス（米国）／一九四〇年生まれ。オハイオ州立大時代に全米アマ2度優勝。六一年のプロ転向後、史上2位の米ツアー73勝をあげ、メジャー通算18勝は1位。「帝王」の呼称を持つ。現在、米チャンピオンズ(旧シニア)ツアーでも活躍中。

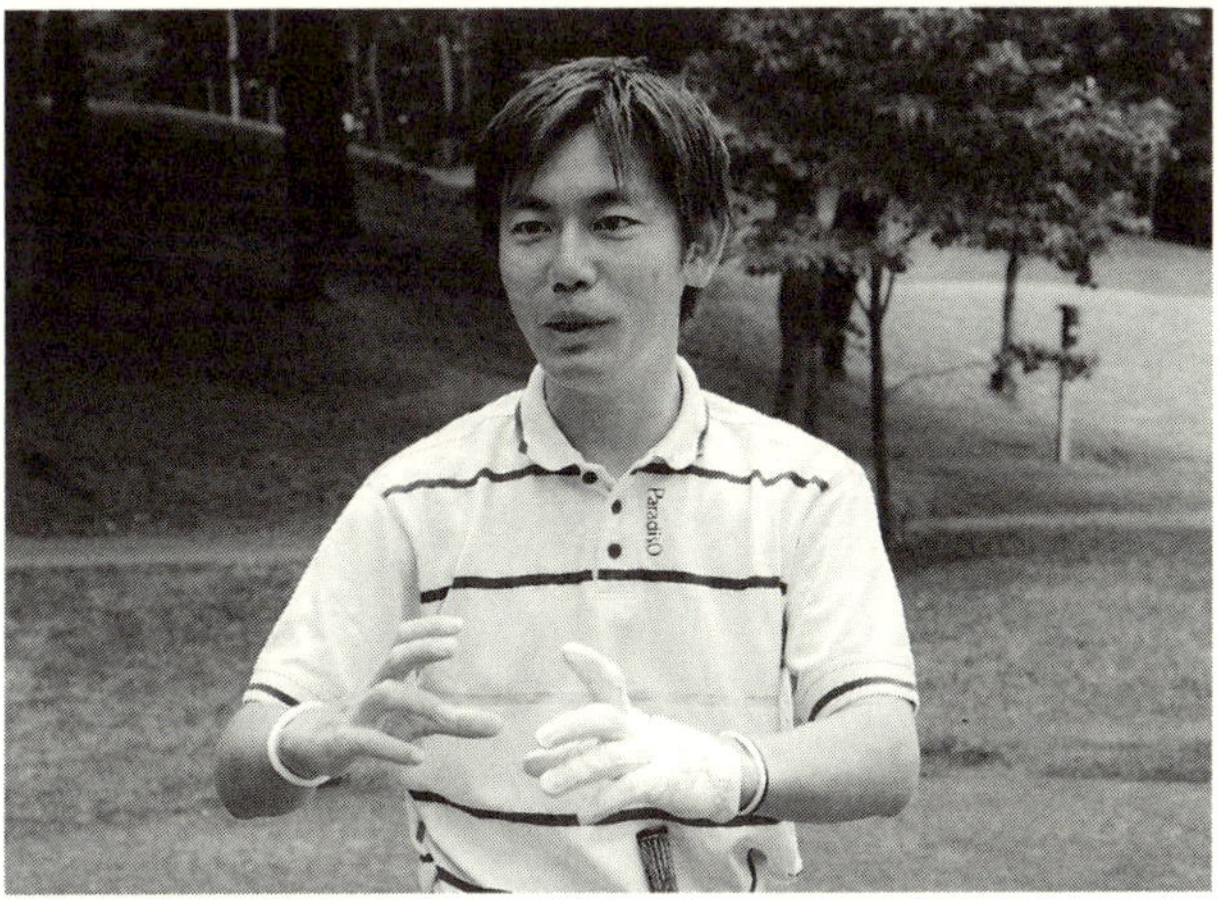

↑
目標意識を明確にして、日々の練習に取り組むことが大切

は友達と遊ぶことより練習場で球を打つことを選んだのです。日本ツアーで力をつけ、米ツアー初優勝、日本人初の同ツアー2勝達成と階段を一つひとつ上り、次はメジャー優勝を狙っています。「今、僕が世界のフィールドにいてもおかしくない存在になっている」と丸山プロ自身、手応えをしっかりとつかんでいます。ジュニア時代に抱いたマスターズ優勝に向かって着実に歩を進めているのは、具体的な目標を持っているからです。

アマチュアなら一年後にハンディを5打縮める目標はどうでしょう。半年以内に3打縮め、九カ月後にさらに1打、そして十一カ月後にもう1打縮めるのです。クラブチャンピオンになることや日本アマ選手権出場、社内コンペの優勝といったものでも対象になります。目標なしでいくらトレーニングを積んでも、海図と羅針盤なしで航海に出るようなものではないでしょうか。

挑戦意欲が上達の原動力となる

日本のツアーは富士山、米ツアーを中心とした世界のゴルフ界はエベレストによく例えられます。五合目まで車で行け、頂上まで歩く道がついている富士山に対し、峻厳で酸素の薄いエベレストは、準備の怠りや手抜きを厳しく叱責する近寄りがたさを持っています。丸山プロはそのエベレスト登頂を求めて、米ツアーに飛び込んだのです。世界の山々がどれほど高く、険しいかを自らの肉体で確かめています。

もちろん丸山プロは、近代登山家がするように用意周到な装備と準備で乗り込んでいます。日本にいるときから技術と肉体強化に取り組み、用具メーカーのサポート体制を重視。日米両方に、体をケアするフィジカルトレーナーやマネジャーをつけています。スポンサーのバックアップ体制も取り付け、一つのチームを作り上げています。

ロサンゼルスに購入した家は、さしずめベースキャンプというところでしょう。

それに比べ、対極的な行動をとる日本人選手が何と多いことか。言い訳なのか、本心なのか「もう少し成長してから、世界に出て行きます」と時期尚早を理由にします。「米ツアーに参戦して、辛抱強くなったことが一番大きな収穫。日本では多少ふてくされてもスコアになるが、アメリカでは少しでもそういう気持ちになると、確実に予選落ちしてしまう」と丸山プロは言います。「自分のゴルフの限界を見れるような気がする」とも述べています。己の限界に挑戦し、どこまで突き進むことができるのかを見極めようとしている者だけが口にできる言葉です。高いフィールドで戦うことで、最高の自分に巡り合おうとしています。

レベルは違っても、向上心の大切さはアマチュアも同じです。仲間内のコンペの枠から飛び出し、競技会などの他流試合に出ることが、その人の殻を破るきっかけとなる可能性があります。他人との緊迫した戦いの中で技術の足りなさを知ることが、それからの練習を一層熱いものにします。頼りなかったビジネスマンが大きな仕事を経験して一皮むけることは、企業社会でよくあることだと思います。高いレベルへの挑戦意欲は、ゴルファーに限らずあらゆるジャンルのスポーツマン、一般社会人に必要な心構えではないでしょうか。

焦らずに上達する――ゴルフはリハビリのようなもの

アマチュアの多くの方が朝のスタートホールのティーショットから最高のショットを打とうと考えます。普段の少ない練習量やラウンド数、自分の腕前、コースに対する情報量、後続者たちに見られることによるプレッシャーなどを考えると、いきなり朝イチにナイスショットできるわけがないことはわかるはずです。

私が練習不足のときに考えることは、1番ホールより18番ホールでゴルフが上手になって終わりたい、ということです。ホールの消化とともに体は温まり、ほぐれてきます。勘も戻ってくるし、自分のリズムも取れてきます。一緒に回っている人の性格、クセ、リズムもわかってきます。そうなれば、徐々にスイングが安定し、心は落ち着き、ショットの内容も良くなってくるというものです。

そのような考えで1番ホールに臨めば、少々のミスがあっても動揺することがありません。「ボールが見えるところにあれば十分」という気楽な気持ちで打つようにします。1番より2番、2番より3番と少しずつでもゴルフが良くなっていくと思えば、光が見えてきます。そこそこで回れるという安心感もわいてくるし、スコアのめども立ってきます。

1番のティーショットで予期せぬナイスショットが出たときのほうが戸惑ってしまい、第2打以降かえって困ってしまいます。「球聖」ボビー・ジョーンズですら「悪いスタートの影響から立ち直るほうが、良いスタートの調子をそのまま維持するより、心理的重圧ははるかに軽い」と語っています。アマチュアならなおさらです。

ゴルフはリハビリだと思うと良いでしょう。足を骨折し、筋肉が衰えてしまってうまく歩けない人が、いきなり走ることはできません。少しずつ歩くトレーニングをして足の筋肉をつけ、歩行距離を伸ばしていきます。「これをすれば歩けるようになるんだ」と希望が見えれば、リハビリにも熱が入ってきます。ゴルフも次第に良くなるのだと思うことによって、意欲を高めていくことができます。18番では自分の中の最高のスイングができるようになっているかもしれません。

ゴルフの上達は基本的に階段を一段一段、上るようなものです。二段飛び、三段飛びはありません。その日一日のプレーの中で少しずつ良くなっていくものもあれば、年間を通して進歩するものもあります。焦らずに上っていくことが上達への道です。

効果的なラウンド前後の練習とは

アマチュアでスタート時間ぎりぎりにコースに駆け込む方がいます。急きたてられるわ、体はほぐれていないわで、好スコアを期待することはとても無理です。プロは早いスタート時間でも、朝の練習をきっちりこなしています。いくら仕事でないといっても、アマチュアもゆったりした気持ちでスタートに臨みたいものです。

スタート前の練習をウオーミングアップ代わりに考えているタイプと、比較的みっちりこなすタイプがあります。また満遍なくすべてのクラブを振るタイプと、特定の番手を集中的に打つタイプもあります。人によってスタートまでの練習内容、準備の仕方、時間の配分は様々です。

プロといえども毎日、同じ球は打てません。ラウンド前の練習はその日の球筋の傾向を見たり、出球のラインをそろえることに重点を置きます。アマチュアはスライスの曲がりなどを直そうとする人がいますが、朝の短時間に大きな手術は禁物です。微調整にとどめるべきです。右に曲がる球が多いときは、それがその日の持ち球だと思うくらいで良いのです。調子が悪ければ悪いなりにその日の傾向を知っていれば大けがしないですみます。

1球、2球、3球と打っていくことによって徐々にテンションを上げ、気持ちを戦闘モードに持っていく効果もあります。関節や筋肉をほぐすことでケガ防止の役目も果たします。上級者レベルだと、風の強いコースなら風に負けないショットの練習もしたいものです。

丸山プロはラウンド前の練習にウエートを置くタイプです。いつもスタートの一時間十五分前に練習を開始します。彼の特徴はまず練習グリーンに行くことです。最初にパットの練習を行う選手はプロ、アマ問わず珍しいと思います。パットに気持ちを集中させる狙いがあります。二十五分ほど練習グリーンでストロークの軌道、フェースの向き、グリーンの状態などをチェックし、アプローチ練習を挟んでドライビングレンジに行きます。

ショットの練習は一番重いサンドウエッジから始めます。これはたいがいのプロと同じです。その後ピッチングウエッジに移り、アイアンを偶数か奇数で短い番手の順に打ち、ウッドに入っていく。ロングアイアンやドライバーはそれぞれ2、3球といった程度です。プロであっても朝から長いクラブは当たりません。無理に当てようとしてスイングを崩してしまっては元も子もありません。ショット練習をスタート直前まで続けることにより、体のほぐれた状態をそのままスタートホールに持ち込むことができます。先にパットを済ませてからショットに移る手順は、特に寒い冬場には効果的です。

ウッズの練習パターンはオーソドックスです。ドライビングレンジから始まってパットで終えます。ショットの練習で目立つのは8番アイアンを集中的に打つことです。8番は真ん中に近いクラブで操作しやすく、スイング作りの中心的なクラブととらえています。いかにウッズといえども朝からロングアイアンを使ったショットは易しくなく、8番アイアンで高い球やパンチショットなどいろいろな球筋を練習します。8番は重めのクラブであるため、ストレッチ効果も兼ねたクラブ選択といえます。

アマチュアにはどれが良いかと聞かれてもいろいろタイプがあり、こうしたほうが良いと言い切れないところがあります。ただ、多くのアマチュアで目につくのは、ドライバーを多く打ちすぎることです。ドライビングレンジがいくら「ドライバーを打つ場所」という意味であっても、体のほぐれていない朝に長いクラブを数多く打つことは感心しません。ウエッジ、8番アイアン、ドライバーの三本あたりを持って行き、ウエッジと8番を中心に練習することを勧めます。易しいクラブを使えば、ナイスショットも多く出ます。練習場から気持ち良くスタートホールに向かうに越したことはありません。

コースに練習場が併設されていないとか、コース到着がぎりぎりという理由などでラウンド前の練習をしないことがあらかじめわかっているときは、事前にスタート時間と同じ時刻に練習の1球目からドライバーで打つリハーサルをやっておくことを勧めます。自分の朝イチのドライバーショットがどのような状況になるかを知っておくのです。

体の柔軟性や俊敏性などによって、朝イチからうまく打てる人もいれば、最低のショットしか出ない人もいます。体がほぐれていない状態の自分のショットがどうなるかを把握していれば、コンペ当日の対策もそれなりに施しようがあります。たとえミスショットしても覚悟の上だから動揺も少なく、被害を少なくすることができます。

ラウンド後の練習こそ上達につながる

ラウンド後の練習は三通りの狙いがあります。一つはその日悪かった部分の矯正です。例えば右に行く球が多かった場合、こすれる原因を取り除く作業をします。不安を抱えたままでは、選手は寝ていても心が落ち着かないためです。二つ目の狙いは翌日のための練習で、使用頻度の高いクラブを多めに練習するのも一つの手です。もう一つは長期的な目標に向けての練習です。選手によってはその日どのような球が出ようが気に留めず、最終的な目標に向けた課題だけやって帰る人もいます。

コーチの立場としては、その日の球に固執した応急処置的な練習はあまり行いたくありません。それはその日だけの補整作業であって、将来的に役立つスイング作りではないからです。長い目で見た練習を、その日の調子に関係なくやってもらいたい思いがあります。ウッズが余力を残してプレーを終え、ラウンド後の練習にたっぷりと力を注ぐことができる体力面の優位性が、現在のずば抜けた成績に結びついているといえます。

ちなみにラウンド後の練習を一番最初に取り入れたのはベン・ホーガンだそうです。それまでゴルフはスポーツという感覚でなく、ビリヤードかゲームの延長のように思われていたのだと想像できます。驚異的な練習量でスイングを作り上げたホーガンらしい発想だと感心します。当初、他の選手はホーガンがプレー後に練習するのを冷ややかな感じで見ていたが、次々と勝ち星を重ねるのを見て、だれもが次第にラウンド後も練習場に足を向けるようになったといいます。現在、特別な事情がない限り、ラウンド後の練習をしない選手はいません。

二〇〇三年の米ツアー開幕戦前後の三週間を丸山プロはハワイで練習しましたが、そのときの日課も簡単に紹介しておきます。試合のない日は毎朝七時に起床し、七時半にホテルを出発。八時からゴルフ場で食事をし、九時から練習を開始します。丸

↑丸山プロもスタート前のパット練習は入念に行う

山プロはスタート前の練習をみっちりするタイプで、キャンプ中もそのパターンは変わりません。一時間、パットの練習と打ち込みをした後、ラウンド開始。実戦形式でいろいろのショットを試した後、週三回ほど筋力トレーニングに行きます。夕食は午後五時から六時ごろで、夜は雑談したり、ゴルフの話をしたり、ビデオを見たり、素振りをしたりというメニューです。

ゴルフ上達は「基本の繰り返し」につきる

「ゴルフ上達に秘策、秘訣、秘密はない」——これが私の基本的な考え方です。シンプルな練習ほど一番難しいし、最大の効果をもたらしてくれるものと思っています。発明王エジソンも「天才は九九％のパースピレーション（汗）と一％のインスピレーション（ひらめき）で作られる」と言っています。

二〇〇二年、二〇〇三年と米ツアーの開幕戦前後の三週間を丸山プロとハワイで合宿を行いました。そこでみっちり時間をかけて取り組んだのは、ポスチャーやアドレス時の重心の位置、スイング中の体重のポジションなどの確認です。前傾姿勢がスイングの途中でずれてこないか、いかにプレーンに乗せやすくするか、スイングの再現性を高めるにはどうしたら良いか。それらをチェックし、追い求めていくと、最終的にはアドレス時での土台固めに到達します。基本の維持が一番難しい問題となります。

ベン・ホーガンは数多くの練習方法や理論を考え、輝かしい実績を残していますが、最良の練習方法は次のようなものだったと語っています。まず両足をそろえ、バックスイングを30センチ、フォロースルーを30センチ、クラブを小さく振る。次いで両足を少し開き、振り幅も少し大きくしてスイング。次は腰から腰までの振り幅といった具合に徐々にスイングを大きくし、最後はフルスイングに持っていく。この練習法を毎日、就寝前に繰り返し、究極のスイングを作り上げました。ゴルフに対し少なからぬ自信を持っているアマチュアの人なら「こんなバカバカしいことを」と言ってしまうようなことが、ホーガンにとっては最高の練習法だったわけです。

丸山プロは腹筋をつけるため毎日３００～４００回、多い日は８００回もします。苦しく、単調な作業を繰り返す以外に成果は得られないことを知っています。現在、米ツアー一のパットの名手といわれるブラッド・ファクソンはボールに赤道のような

線を書き、1メートルの距離を一球一球ルーティーンをとり、毎日黙々と一時間でも二時間でも縦回転のパットを目指して練習します。スイングプレーンの美しさに定評のあるビジェイ・シンは、棒を使ったドリルで毎日プレーンの狂いをなくすことに汗を流しています。

今後何年間もトッププロとしてやっていくには、地道な練習を続けなればならないことを自覚し、真面目に取り組んでいます。それらをコツコツこなすところに彼らのすごさがあります。愚直に練習をこなし、単調な基本の繰り返しを楽しむ術を知っています。ウッズでさえ必死にこれらのトレーニングをこなしています。

↑トッププロのレベルを維持するには地道な練習が必要。アプローチ練習を繰り返す丸山プロ私もよくプロに対し30ヤードなら30ヤード、ストレート回転できれいに飛び出すボールを、左手、右手のどちらかで打ったり、右手をグリップエンド側で握り、左手をヘッド側で持つクロスハンドグリップで何球も打ってもらいます。「プロだったらそんなことできるだろう」といった簡単なことを継続することが、大舞台での精度の高いショットにつながってきます。

多くのプロが私のもとに目新しさを求めてやってきます。フェースの向き、入射角などに秘密があるのではと関心を示しますが、それらを体得するのはそう難しいことではありません。しかし、それ以前の土台作りのほうがよほど大変だし、そこに行き着く前に挫折する人がほとんどです。スイング作りには地道な練習を続ける忍耐力が必要です。ウッズは基本が体に染みついているから、スーパーショットを放つことができるのです。単調な作業を長時間こなす能力を持つことが、華麗な技につながるのです。つまり、継続力と忍耐力だけが上達の源になりうるのです。

毎日少しでも考えることが上達につながる

二〇〇一年五月の米ツアー、マスターカード・コロニアルのプロアマ大会中のことです。丸山プロはアマチュアの方と談笑を楽しんだり、レッスンしながらコースを回っていました。その試合に帯同していた私はロープの外で彼の組について歩きました。何もすることがなく手持ちぶさたで何気なくシャドースイングをしたところ、突然、「何、それ?」と言って丸山プロが近づいてきました。丸山プロが見たことのないスイングの動きを、私がしていたのです。

そのシャドースイングは、私が追い求めている理想のスイングプレーンをなぞったものです。「フェース面をターゲットに早く向け、できるだけ長い時間インパクトゾーンでフェースがスクエアの状態を保つようにすると、このようなスイングになる。ボールの回転率が良くなり、手の余計な操作もいらなくなる」と説明しました。

この会話をきっかけに、丸山プロは私が遊びでしていたシャドースイングの具現化と体得に取り組むことになりました。模索していた我々二人がひょんなことで目標を見つけた瞬間だったといえます。丸山プロの表現を借りれば「その日が我々二人の実質的なスイング改造のスタート」ということになります。丸山プロは常にアンテナを研ぎ澄まし、ゴルフに関する情報やヒントを集めています。偶然、目についたシャドースイングが、方向付けに大きなきっかけを与えたのです。

丸山プロがスイングに関してひらめきを感じたり、私の説明から頭の中でスイング像を描いたりするのは、ほとんどが練習場以外の場所にいるときです。彼は部屋で雑談をしていたり、お茶を飲んでいたり、テレビを見ていたりしているときでも、いつもゴルフのことを考えています。「ニック・プライスのこの発言はどういう意味なんだろう」といったような質問をしてきて、私がそれに答える形となり、「あした、練習場でやってみよう」ということになります。翌日実際に打ってみて、その結果をまた二人で検証するというパターンが大多数です。他のプロは練習場で得ることがほとんどです。練習場に来て初めて頭をゴルフモードに切り替え、私に「はい、いいよ。教えて」といった態度でいる選手とは大きな違いです。

ベン・ホーガンがスイングに関していろいろなヒントを得たのは、夜中にふと目を覚まして鏡の前で素振りをした瞬間とか、眠れずにボーッとしている最中だったといいます。突然ひらめいたことを翌日コースでテストするのが、ホーガンのスイング改造の手順だったということになります。

本業を持っているアマチュアの人が、そこまでゴルフのことに頭が回らないのは当然です。ただ、練習場で打っているときだけが練習ではないことは理解してほしいものです。自分で考えたり、インストラクターに自分の感想を聞いてもらったり、雑誌を読んだり、テレビを見ながらクラブのグリップを触ってみたり、部屋にパターマットを置いて一日5球でもパットの練習をしたり、腹筋をしてみたりと、毎日の小さな工夫の積み重ねがゴルフの腕を上げる要素であることを知ってほしいのです。

第5章

Chapter 5

トッププロをステップアップさせるコーチ術

——ツアープロコーチの視点

私とゴルフ理論

米国で超一流スイングの普遍性を追究

中学時代からいろいろなプロやインストラクターに指導を受けています。その経験でいうと、日本の指導者に共通しているのは、わかりにくい説明をすることです。スイング理論が感覚的であり抽象的です。私にはどうしてそうなるかが理解できないし、言っている意味がわかりません。なぜそうしなければいけないのかという問いに、適切な答えが返ってきません。感覚を理論的に解明できないものかと思っているとき、幼なじみであり、後にプロゴルファーとなる江連忠さんに米国のゴルフ理論などを教えてもらいました。

彼は私より一歳上で、ジュニア時代から同じプロについて指導を受けた間柄です。

高校卒業後、米国でゴルフを勉強。ときどき帰国する彼に、米国のゴルフ指導法や教材、スイング論を聞き、刺激を受けました。スイングプレーンを想定したゴルフ理論は非常にわかりやすく、江連さんの「アメリカでは常識だよ」という言葉は、私に強烈な衝撃となりました。日本にいて得られないものが米国で得られる。そんな気持ちに駆られました。プロゴルファーになる意思はありませんでしたが、ゴルフに対する知識をもっと深めたかったのです。

米国にはもともと行きたい気持ちを持っていました。高校卒業時に米国の大学に行くことを考えたほどです。十九歳のとき、父と一緒にマスターズを観戦しに行ったり、パームスプリングスにある友人の別荘でゴルフをし、米国のゴルフのレベルの高さ、ゴルフ環境の素晴らしさに憧れていました。江連さんの話を聞いて一層、米国でゴルフの勉強をしたくなりました。

大学卒業後に渡米することも考えましたが、米国のインストラクター養成機関、サンディエゴ・ゴルフ・アカデミーを紹介してくれる方が「来る気が起きたのならすぐ来たほうがいい。時間を無駄に使うな」と忠告してくれました。私も早く本格的な勉強がしたいと思いました。卒業を待たずに米国に渡り、サンディエゴ・ゴルフ・アカデミーやデーブ・ペルツ・ショートゲームスクール、ジム・マクリーンのスクールなどで私自身がモルモットになって最新理論を学び、機会を見つけてミニツアーに出たりしました。

米国で私が追究したテーマは、ひと言で表すと名手達のスイングにおける普遍性です。ボールやクラブなど用具は年々進化しています。特にこの二十年の移り変わりは著しい。それに呼応して技術やスイングも変わっていく。しかし、不変のものもあるのでないか。ベン・ホーガンからタイガー・ウッズまでベストボールストライカーと呼ばれる選手のスイングを数多くビデオで見比べました。そうして見つけた共通点が、スイングプレーンとクラブフェースの向きです。それが現在、私のゴルフ診断の基準となっています。

名手達のスイングをビデオで見比べる方法は、米国ではPGAを中心に一般的です。だから私が考案した手法ではありませんし、発見したやり方でもありません。しかし、何を見つけ出し、何を研究するかは人それぞれのテーマや関心によって異なってきます。例えてみれば病理学者が顕微鏡を見て、病気の原因となる病原菌を発見するようなものといえましょうか。私が独自にスイングを構築し理論化したものではなく、超一流の人の共通点を結びつけ、それを現代のスイング論に反映させたということです。

ベン・ホーガンのスイングが私のゴルフ理論の基礎

私のゴルフ理論のベースになっているのは、ベン・ホーガンのスイングです。米国で初めてホーガンのスイングをビデオで見たときは戦りつを覚えたほどでした。メカニカルな素晴らしさに加えてバランスの良さと美しさ、力感とスピード感、シンプルさとしなやかさなど必要な要素をすべて兼ね備えています。勝利数（64勝）はサム・スニードの82勝、ジャック・ニクラウスの73勝に劣りますが、現在の米ツアーにおけるトッププロのスイングの土台となっているのは、ホーガンのスイングです。

ホーガンのスイングをひと言で要約すると、「スイングプレーンへの意識」です。ゴルフ界で初めてスイングを一つの面としてとらえ、手や体、足の筋肉の動きまで克明に解析しました。感覚を理論に変え、プレーヤーとしてそれを実践し、「モダンゴルフ」などの書物を著しました。解剖学者のところに通い、人体の筋肉の動きについ

↑ベン・ホーガン（米国）／一九一二―一九九七年。11歳のときテキサスのゴルフ場でキャディーをしたことからゴルフを覚える。孤高の人で常に完ぺきを求め、「アイスマン」などのニックネームを持つ。交通事故によるひん死の重傷を乗り越え、米ツアー賞金王5度、通算勝利数3位の64勝（うちメジャー9勝）を挙げる

て学んだというから、著書の内容は科学的であり具体的です。だれのレッスン書を読んでもホーガンのスイング理論が基になっています。いろいろな技術書を読むのなら、「モダンゴルフ」を何度も読んだほうが良いといわれる所以です。

ホーガンが十歳のときに父親が自殺し、キャディーをして家計を助けました。貧困がプロゴルファーを目指すきっかけとなり、一九三八年の二十六歳のときツアー初優勝。四六年の全米プロでメジャー初制覇、四八年には全米オープン、全米プロで優勝を遂げ、トッププロとして確固たる地位を築きました。しかし、翌年の四九年、自動車事故で重傷。命さえ危ぶまれましたが、一年後に奇跡的なカムバックを見せ、五〇、五一年と全米オープンに優勝、五三年には全米オープンのほかマスターズ、全英オープンの三冠を制しました。

ラウンド中、一切口を開かないことから「アイスマン」「鉄仮面」といわれ、完ぺきを追い求め、妥協を排した修行僧のような性格で猛練習に明け暮れた生きざまも、多くの人々を魅了する背景になっています。一朝一夕では作り上げられない努力と苦労と工夫の経緯、ゴルフ追究の痕跡が、スイングの中に凝縮されています。百年に一人出るか出ないかの偉大な人だと思います。

リー・トレビノ、トム・カイト、ニック・プライス、タイガー・ウッズといったベストボールストライカーと呼ばれるプロのスイングは皆、ホーガンの流れをくんでいます。ツアープロコーチとして活躍中のブッチ・ハーモン、デービッド・レッドベター、ジム・マクリーンらも、ホーガンの考え方を核としています。

特にハーモンは、祖父がホーガンと友人で一緒によくラウンドしてゴルフを習った関係で、父親のクロード（一九四八年のマスターズ覇者）を経て、ホーガンの理論をそのまま受け継いでいます。ホーガンを研究するということが、米国のゴルフスイングを研究することにつながるといっても過言ではありません。

↑理想とするのはベン・ホーガンのスイング

丸山プロや片山プロは熱烈なホーガン信奉者だし、コロンビアから来て日本で修業を積んだエドアルド・エレラも、以前話をしたとき、自宅のパソコンのフロッピーにホーガンのスイングを入れておき、朝と就寝前、必ず見ると言っていました。二〇〇二年に日本で2勝して急成長したデービッド・スメイル（豪州）もホーガンのスイングをビデオでよく見ていると述べています。ゴルフが上手になり、ゴルフの知識が増えるほど、皆ホーガンのスイングが好きになっています。私自身もホーガンのビデオを何度も見ていますが、見るたびに彼の素晴らしさに対する理解度が深まっていく気がします。

ちなみにマスターズを創設したボビー・ジョーンズはホーガンより前の時代で、ヒッコリーシャフト世代のプレーヤーです。ボールも糸巻きが現れる前です。スイング理論的には現在とあまりにも違いすぎ、我々の参考になりません。別のスポーツと解釈してもいいくらいです。もちろん「戦う相手は人間でなくパーおじさん」という精神は、永遠に通用するテーマです。

コーチ術

教えすぎないこともコーチング

マスコミの方に「丸山選手のスイングの完成度は何%ぐらいか」とよく聞かれます。別に逃げているわけではありませんが、何%と具体的に数字を挙げていえるものではありません。我々の目標が常に変化しているからです。一つのことができたら次はこれといった具合に、段階を上って常に進化し続けなければなりません。それはいつまでも繰り返される作業であるだけに、一〇〇%の完成というのは我々の間ではありえないことです。

今いえることは「順調に段階をクリアしており、満足できるレベルにある」ということです。現在、練習場で超一流のショットメーカーたちと並んで打っていても、打音や打感、入射角、飛んで行くボールの回転など、いろいろな面で遜色のないところまで出来上がっています。

コーチとして気をつけているのは、丸山プロにあまり情報を与えすぎないようにすることです。彼はだれにも負けたくないと思っている性格だけに、五つの課題を挙げられればその五つすべてを一気にやりたくなるタイプです。一つずつ順番に体得し、結果的に五つすべてができるようになるという経緯をとることができません。何でも知りたがり、何でも即やりたがる。たとえマスターズの期間中でもやってしまうところがあります。

人間の頭には受け入れ量の許容範囲があり、その五つすべてを私が話すことによって彼の頭の中がオーバーヒートしてしまう可能性があります。情報を一度に数多く押しつけるのはコーチの自己満足に過ぎず、選手のためになりません。プロは聞きたがる。だが、コーチは話したほうが良いのか悪いのか考える。仮に私がマスターズ期間中に二つ、三つの課題を口にし、大会中の丸山プロのスイングがボロボロになったと

↑すべてを一気にやりたくなる丸山プロには、あまり情報を与えすぎないことも大切

したら、教えなかったほうがいいことになります。といって何もしゃべらなければ、契約した意味がありません。そのあたりの葛藤や恐怖と私たちコーチはいつも戦っています。

「予選落ちゼロ」がコーチの目標

日本でコーチをつけず、一人でツアーを転戦しているプロがいます。「よくできるな」と感心する部分と同時に、「コーチをつければもっと伸びるのにもったいないな」と思うことがあります。才能が豊富で素質も高いので、シード選手であることに満足であれば、私達コーチは必要ありません。現状で十分なら、これ以上苦しい練習をしたり、わざわざコーチ料を払って技術を磨く気にならないでしょう。

目的意識の差がコーチを必要とするかどうかの違いになります。「世界を目指したい」「賞金王になりたい」「今の自分に満足できない」といった人たちが、上達するための方法論の一つとしてコーチやトレーナーの存在が気になり、手助けを求めることになるのだと思います。

米ツアーでプロがスイングを教え合う光景はほとんど見られません。あっても互いの意見を交換するといった程度です。「スイングプレーンから外れているよ」といったように、一つの基準の中で指摘するくらいです。現在のゴルフ技術の高さが、仲間内で気楽に教え合えるレベルでないことが大きな理由だと思います。

それに対しこれまでの日本のプロゴルフ界は、相手の目標や夢、体質や性格、これまでの練習内容などを知らず唐突に「お前はこうしたらいいよ」などと第一印象で教え、教わるほうも「先輩プロの言うことだからとりあえずやってみようか」というノリが多かったといえます。だが日本のレベルもどんどん上がってきています。今後は仲間同士でスイングを教え合うことが減っていくのでないかと思います。

プロとコーチ契約を結ぶとき、本当は三年の期間がほしいと思っています。一年目はプロの性格を踏まえて方向作りをし、二年目にスイングをしっかりと身につける。そして三年目に花を咲かせるという行程です。しかし、三年も待てないプロが大多数です。一年目を終えて賞金ランキングが下がっていたら、プロは二年目の更新を望まないのが一般的です。そのため一年目から結果を出す応急処置的な矯正を優先することが少なくありません。といって長期的な上達も成し遂げなければなりません。これがコーチの腕の見せどころだと思います。これまで私がコーチをした選手は一〇〇%に近い確率で、契約前より契約一年目の賞金ランキングが上がっています。

「スイング改造中だからスコアがボロボロになってしまった」。こんなセリフがプロアマ問わずよく口にされますが、スイング改造中という理由でショットが曲がりだしたり、スコアが悪くなるということはありえません。選手が「スイング改造中」を心の逃げ場としているのならまだ納得できます。しかし、私たちコーチの立場にある者がそれを言うことは許されません。コーチがスイングをチェックしてかえって悪くなるようなら、コーチはいないほうが良い。コーチはその日のスコアを良くすることに全力をあげ、全試合に予選を通ることを考えなければなりません。私はコーチ契約を結ぶとき、予選落ちゼロの選手にすることを目標とします。

スイング改造には選手側の開き直りも大切

コーチの立場から言わせてもらうとスイング改造にとりかかるとき、選手側に開き直りの覚悟があると助かるというのが正直な気持ちです。踏ん切りの良さ、といってもいいでしょう。

小達プロはかつて平均パット数が3位に入っていたほどパットの上手な選手です。ところがアプローチイップスになり、一時、集中的にアプローチの練習をしました。その結果、平均パット数が110位まで落ちたことがあります。そのとき私は心配になりましたが、「いや、いいんだ。今はアプローチの上達を目指して、アプローチの練習をやっているだけで満足。仮にシード落ちしたって構わない」という返事でした。これほどの決意で取り組んでもらえれば、私だって教えやすいし、気合が入るというものです。

丸山プロにもそういう部分があります。彼のコーチとなった直後、「今年中に何回も優勝争いができるといいね」と言ったことがあります。すると彼の答えは「今年は去年より賞金ランクが下がってもいい。予選落ちが多くなってもいい。オレは今、これができていれば満足なんだ」と、トウが上を向いた状態で振り抜けるフォロースルーに熱中していた時期がありました。

とはいえ、前述したように、私がこれまでコーチをやってきて、実際に予選落ちが続いたり、前年より成績が落ちるということはありません。選手は「それはそれ、こ

れはこれ」といった感じで、練習中はそのとき取り組んでいる課題に没頭し、いったん試合に入るとスコアメークに集中します。そのあたりは見事なバランス感覚を持って取り組んでいます。

要はとことんやり抜くという気構えが大切です。これは簡単なようで、案外難しいものです。状況の悪化を過剰に意識し、恐れてしまうからです。たとえ良い結果が出なくても、それは一時的な現象と割り切ることができるかどうか。前向きに取り組み続ければ必ず事態は好転する、と信じることができるかどうかです。二流止まりの選手は一時的な苦境をはねのける自信がないから、新たな一歩を踏み出そうとしませ

↑選手のスイング改造には三年間の時間的猶予がほしい。写真は平塚プロ

ん。肝のすわっていない選手は、何をやっても中途半端に終わってしまいます。アマチュアの方がレッスンを受けるときも、プロの思い切りの良さを参考にすると良いと思います。

ツアープロコーチは「癒やし系」

丸山プロはスイングに対し非常にこだわりを持つ性格です。私たちがスイングを改造し始めたとき、彼はフォロースルーのトウアップにこだわりました。二〇〇二年の全英オープンでは右足の上がりを抑えることに執着しました。練習のとき私が「それくらいでいいんじゃないの。許容範囲だよ」というショットに対し「いや、オレが納得できない」と、できるまで執拗に繰り返すことが再三あります。選手としては必要な性分ですが、コーチには向かないタイプかもしれません。自分のこだわりを生徒に押しつけたら、生徒は空中分解を起こしてしまいます。ベン・ホーガンものすごいこだわり派だったといいますから、コーチは無理だったと思います。

コーチは受け入れの間口が広くなければなりません。丸山プロのようなこだわり派ともやっていかなければならないし、こだわりのない人間を教えることもできなければなりません。世界の一流コーチを見てみると皆、とっつきやすい性格をしているのが共通項です。いわゆる「癒やし系」といわれるタイプです。レッドベター、ブッチ・ハーモン、ジム・マクリーンらは何となく宣教師のような雰囲気を持っています。悩みを打ち明けられ、それに対してアドバイスする立場が、そのような温厚なムードを醸し出させることになります。許容範囲がゼロだったら、相手は相談する気持ちにならないでしょう。

プロゴルフ界は弱肉強食の世界です。選手たちは相手に食われまいとして必死です。いくらかでも稼ぎを多くしようと躍起になっています。そんなストレスの中にいる選手を相手に我々コーチまでがピリピリしていたのでは、ツアーにいる全員がギスギスし、神経を参らせてしまいます。選手の闘争心や目的意識を高めるだけがコーチの仕事ではありません。気持ちを和らげ、ゴルフを楽しめるようにしてあげることも重要な任務と心得ています。

プロとアマを教えるときの違い

「丸山選手のコーチをしていたら、他の選手やアマチュアを見る気にならないのでは」と聞かれることがあります。確かに私が教えたことを丸山プロがマスターズで実践したり、ワールドカップで優勝してくれることは最高の喜びです。自分が結果を出すより、丸山プロに感謝されるほうが幸福感に浸ることができます。けれど、相手が丸山プロだから幸せで、無名のプロや一般のアマチュアなら幸せでないかというと、決してそういうことはありません。

若手プロを育てることも面白いし、予選会レベルのプロの能力を高めることも張り合いがあります。トップアマを教えることも楽しいし、初心者を一から指導することにも幸せを感じます。どんな形であってもその人のスイング作りに協力できるのはインストラクターとして光栄です。別々の形の充実感を一つの基準で比較することはできません。それぞれが私の喜びであり幸せなのです。

確かに最近はアマチュアを教えることが少なくなりました。別にアマチュアを教えることに熱意を失ったわけではありません。プロに帯同して試合に出かけることが多くなったため、どうしても東京にいる機会が少なくなります。実際問題としてアマチュアゴルファーからのニーズが圧倒的に多いのです。本来はそちらに力を注ぎたいが、体は一つしかありません。そのためにスタッフを教育し、協力を要請しています。

基本的に教え方はプロもアマも変わりはありません。ただ方法論や求めるものが違うため、丸山プロは丸山プロ、若手プロは若手プロに合ったレベルで行い、初心者には初心者なりの手法があります。例えばプロの場合はボールが曲がっては意味がないため、修正の眼目は飛距離を落としてでも曲がらないボールを打つことになります。ところが、アマチュアの人に曲がらない打ち方を教えても、喜んでもらえることはほとんどありません。だれもが皆、飛距離に関心を持っています。とにかく飛距離が出るようにしてあげると感激してくれます。

私は168センチと小柄なほうです。だが、日大ゴルフ部は飛ばすことが大前提という雰囲気でした。学生時代、私の最大のテーマは飛距離アップでした。その工夫の過程が、今、アマチュアの人に教えることに非常に役立っています。クローズドスタンスで構えて少しフックグリップに握り、インサイドからシャットフェース気味にクラブを下ろし、ハンドファーストに当てて強いドローボールを打ち、ランの出る球を求める。私自身がモルモット的に経験したことを、現在アマチュアの方に教えているところがあります。

アマチュアの方はもともとのスイング知識が少ないため、一つのアドバイスで劇的に変わります。スライスに二十年間苦労している人を十五分でドローボールに変えてあげると、神様のように思ってくれます。一日のレッスンで感謝される度合いはアマチュアのほうが圧倒的に大きいし、そこまで喜んでもらえるとこちらもうれしくなります。プロの場合、一日だけで感謝されることはありません。基本的に一シーズンが終わったときの達成度が満足度の基準となります。賞金ランクが上がった、平均ストロークが上がった、優勝したなどということで、コーチの価値を認めてくれます。もちろんそれはそれで私の喜びは十分です。

アマチュアの方にスイング理論を教えることはありません。もちろん質問されれば答えますが、こちらから積極的に言うことはありません。それでなくても日本のアマチュアは理屈が好きで、技術書をたくさん読んでいます。日本と米国のゴルフ雑誌を比べると、日本は米国よりかなり分厚く、種類も多い。日本人の理屈好きの証左です。

それだけに細かなことにとらわれすぎるところがあります。私が理論を教えることによって、頭でっかちを助長したくありません。また理論に興味がなく、気軽に習いに来ている人に対し、いきなりゴルフの奥義や神髄について話し出しても、目を白黒されるのがオチです。ニーズに応じたレッスンを心がけています。

それにしても不思議なのは、アマチュアの方は教えられたときはできるが、三日たって自分一人でやろうとしたらその打ち方ができなくなることです。私が述べた原理原則を紙に書き、それを見ながらやってもやはりできません。失礼ですがまさに操り人形状態なのです。週に一回程度のペースで四回ほど来て初めて、一人でどうにかできるようになるといった感じです。

欧米の選手と日本の選手とは教え方が異なる

日本人と欧米人の選手を素材的に比較すれば、体格の劣る日本人選手を教えるほうが苦労することは確かです。身体能力の強さがスイングプレーンの再現性と精度を上げる土台となるからです。強い球を生み出すには、インパクトの強さと振り負けない強じんさが必要です。身長が170センチか175センチそこその日本人を、190センチ近い欧米の人間に太刀打ちさせることはかなりの難問です。例えば丸山プロは168センチ、75キロ、エルスは192センチ、95キロです。スイング一つとってもエルスのほうが圧倒的に有利です。「僕にあと24センチ身長があれば」とエルスのゆったりとしたスイングを見て、丸山プロがぼやく気持ちは理解できます。

現在、レッドベターはエルスを教えていますが、コーチの立場から言わせてもらうと、エルスを教えることは楽ではないかという気がします。ウッズを教えるブッチ・ハーモンにしてもしかりです。ミケルソンの体格も日本人とかけ離れた大きさです。ぶんぶん振れば400ヤード近く飛ぶ選手を少し補整し、きれいなスイングにして結果を出すようにするだけで十分ということがいえます。車に例えればウッズ、エルスらは排気量5000ccで、丸山、伊沢プロは3000cc、一般の日本のシード選手は2000ccクラスのようなものです。その3000、2000ccで、5000ccクラスの選手に勝てるようにしなければなりません。

日本の選手で「レッドベターが教える打ち方でやってみると、飛距離が落ちてしまう」と首をかしげる人がいます。それはレッドベターの理論がそうだということではなく、エルスらが習っていることをそのまま非力な日本選手にあてはめると、球は飛ばなくなるということなのです。

別のアングルから見ると、欧米の選手を対象とするコーチと日本人選手を相手にするコーチの発想の違い、目的の差といっても良いと思います。体力的に不利な選手を世界の土俵で対等に戦わせることが私たち日本人コーチの目的であり、彼らは体が大きく、力の強い選手の足の動きを静かにし、ウエートシフトを小さくしてスイングプレーンを整えてあげることで結果を出そうとします。根本的に考え方が違っているのです。ただ、実際のところ私はエルスのような身体能力の優れた選手をこれまで教えたことがないので、私のやり方が成功すると断言することはできませんし、レッドベターが本腰を入れて日本選手を教えれば、また別な結果が出るだろうとは思いますが……。

日米のアマチュアのスイングの違い

アマチュアのスイングをチェックしていて面白いと感じるのは、日本と欧米でそれぞれ特徴的によく見られる動作が対照的なことです。文化圏や骨格の違いが、異なった習性を作り上げているのかもしれません。日本のアマチュアはほとんどがウイークグリップでクラブをインサイドに引き、トップでシャフトが右方向を指すクロス状態となります。そこからカット打ちの軌道で振り下ろし、低いスライスか高い弾道の右方面への飛球となります。ゴルフを始めて何年かたてば頭の中に描くスイング像は皆異なってくるはずです。しかし、なぜかスイングの傾向は判で押したように一様です。

欧米では逆の動きが一般的です。おおむねフックグリップで握り、体をサイドに揺さぶりながらインサイド・アウトに振っていきます。球筋はいわゆるチーピンといわれるフックボール。一説では、身体意識の違いが根底にあるといわれています。日本人は胸を中心として自分の方向に腕を引く筋肉が強く、欧米人は背中を使って力を外に押し出す筋肉が発達しているということです。

確かにのこぎりを見ると違いがよくわかります。日本ののこぎりは手前に引いたときに切れるように刃が並んでいますが、欧米は押したときに切れるようになっています。日本刀とフェンシングを見ても使い方は逆。バンカーのレーキ（砂ならし器）にしても、日本人は手前に引いて砂をならすのが大半ですが、欧米人は手前から押して使用するのが普通です。驚いたときのポーズも欧米人は両手を広げながら伸ばすのに対し、日本人は身を縮める動作をとります。

人種、生活習慣、体形、骨格などの違いが「伸びの文化」と「縮みの文化」を生み、欧米人のインサイド・アウト、日本人のアウトサイド・インのゴルフ軌道になっているのかもしれません。ただ、私の仕事はこれらの現象の原因や背景を見つけることではありませんし、知る必要性もありません。それらの解明は他の専門家に任せれば良いと思っています。私に課せられているのは、現象に対する処方を知っているかどうかです。いかに数多くの引き出しを持ち、正しく治療するか。医者が手術の成功を重ねることによってその分野に対して自信を強めていくように、私も一つひとつ成功例を加えて、知識と自信を深めていく。これがテクニカルコーチとしての能力や質を分けることになると思っています。

最低のコーチとは自分の理論を押しつける人

スイング理論だけに限りませんが、差別化、区別化、特異性を狙ってこれまでの流れや歴史を無視し、独自の理論を前面に出そうとする人がいます。「自分だけが考えた理論」「独自の科学的スイング論」などという奇をてらったものを、私はほとんど評価しません。たまたまその理論に合う人が現れるかもしれないが、汎用性に欠けるし、大概が自己満足に過ぎません。歴史的に正しいか、客観的におかしくないか、つまりは多くの時間、頭脳、肉体によって濾過された法則が土台になければなりません。

ゴルフ理論は「まず道具ありき」が基本です。いかにスイング理論が秀でているかでなく、道具をどう振るかを上手に導いてくれる理論が大切なのです。スイング理論があって道具があるわけではありません。道具の進化によってスイング理論も変わるのが自然であり当然です。

私が思う最低のインストラクターは、自分の理論を押しつける人です。インストラクターのところに習いに来る人は九九%がゴルフの上達を願って来ているのであって、その人の理論を習いに来ているのではありません。理論を知らないけれど気持ち良くゴルフをさせるインストラクターと、理論をいっぱい知っていてうまく教えられないインストラクターとでは、何も理論を知らなくても楽しく練習をさせるインストラクターのほうが良質な仕事をしていることになります。

一度に何もかも教えてしまうインストラクターも実践的ではありません。生徒の頭脳がオーバーヒートしてしまうだけで、生徒の役に立っていません。理論をいっぱい知っていることを誇示しているという点で、このタイプのインストラクターも自己満足派です。絶妙なタイミングで、いかに適切なアドバイスができるか。しかも同じことを言っても一人ひとり受け取り方が違うため、いろいろ言い方を使い分ける必要があります。相手の技術と知識のギャップを見極めながら、一段階ずつレベルを上げていかなければなりません。理論を知っているということは方法論の一つでしかありません。使い方を誤ると、かえって弊害になります。

私は当社のスタッフ達に、インストラクターには研究者や技術者の一面とともに、一流ホテルのホテルマンのような言葉遣いや対応ができなければいけないといつも言っています。それができて初めて、レッスンを受けた人に「楽しかった」「有意義な時間をすごせた」と思ってもらえるのです。

インストラクターと楽しい時間をすごしているうちに気がついたらゴルフが上手になっていた、という教え方が理想でないかと思います。プロゴルファーは生計をたてるためにゴルフ場に行っているが、アマチュアは日ごろの運動不足やストレスの解消のために練習場に行ったり、ゴルフを楽しんでいます。その目的を達成させるために、インストラクターは楽しいレッスンの機会を提供していく義務があります。

ビデオカメラでスイングチェック

ビデオカメラを使って指導したのは、私たちが第一号です。九五〜九六年ごろ、日本の選手達の間にはまだビデオに撮られることに拒絶反応がありました。私がコーチをしているプロ以外の選手をトーナメントの練習会場などで撮影しようとすると、「撮られるのはイヤ。（自分のスイングの）ビデオを見ると感覚が狂う」と言って断るのです。「あなたにも見せないし、他の人にも見せない。私の勉強のために撮っています。資料としてほしいのだ」と言っても拒否されることが何度もありました。私たちの存在を認めたくないという雰囲気も感じられました。

米国ではビデオカメラの診断チェックは当たり前です。ビデオが一番大切というわけではありませんが、手段の一つとして外せない道具です。私自身が判断するための道具として使うことより、選手本人にわからせるために使うことが多くなります。自分のスイングがどうなっているかを納得させるには、本人に映像で見せるのが一番。その場で自分のスイングがどうなっているかを見ることができ、後で自分のスイングを頭に思い浮かべたときの判断材料になります。

ゴルフは体調、気分などにより、調子がいいとき、悪いとき、うまくいかないときがあります。いつもと同じ感覚でクラブを振っているつもりでも、全く内容が違うということがあります。いつも最高の状態というのは、人間である限りありえません。だが最悪のとき、いくらかでも最高の状態に近づくように持っていくのが理論であり映像です。感覚だけではあやふやになり、良いときと悪いときの差が大きくなります。スローモーションのような動きで正確にスイングを再現するには、理論的に理解していなければできません。それができるかどうかが一流と二流の分岐点となります。

コーチとしての勉強を始めたころ、日本の選手のスイングを撮っていて、「これじゃ球は曲がるのに、なぜ直さないのだろう」と思うことが再三ありました。「直す気がないから直さないのだ」と単純に考えていたのです。プロが直し方を知らないとはつゆにも疑いませんでした。

ところがしばらくたって、プロは曲がる原因を知らないことがわかったのです。フックに悩んでいるプロに、スイング軌道やフェースの向きをビデオで教えると、「えっ」といって驚いた表情を見せる。私としては取り立ててすごいことではなく、ごく当たり前のことをしゃべっているだけなのに、選手にとっては初めて聞くことだったのです。意外なほどプロはスイングのことを知らないのが現実です。

丸山プロが私と契約した当初、新聞記者を前にして「まだコーチをつけたばかりでこれからどうなるかわからないが、内藤君は相談相手として格好の存在です。彼と話をしていて〝えっ、そうなの？〟というのがよくある」と語っていたことがあります。スイングのメカニズムを知っているのと知らないのとでは、知っているほうが良いのは当然です。そこに私たちコーチの存在意義があります。

ジュニアにゴルフの楽しさを教えたい

以前、高校生の大会でスコア改ざんの事件があったと聞いたことがあります。同じ組の者が示し合わせて、ストローク数を少なく書き変えたといいます。また、スコアの悪かった中学生がホールアウト後、大勢の前で父親にしかられたという話も聞きました。非常に腹立たしいし、悲しいことです。私がジュニアに一番伝えたいのは、ゴルフの楽しさです。楽しさを知り、ゴルフが好きになれば、いつまでもゴルフをし続けるし、いつか上達するものです。

丸山プロが二〇〇二年序盤、不調だった時期があります。ゴルフを楽しむ気持ちが薄れていたためでした。二〇〇一年にツアー初優勝を遂げ、「さらに大きな活躍を」という周囲の期待に応えようという責任感が、ゴルフを難しく考え、自分自身を苦しめることになっていました。プレッシャーに押しつぶされ、ゴルフを楽しむ気持ちを失っていたのです。自宅に帰っても暗い気持ちを引きずっていることが多かったそうです。

私は丸山プロを子供時代から見ていますが、彼ほどゴルフが大好きな人は知りません。いつもゴルフのことを考え、それを楽しんでいます。プロになってからゴルフは仕事となっていますが、仕事をしている以上の楽しさと充実感をゴルフから感じ取っています。二十四時間ゴルフと接していることがストレスにならないのです。ゴルフを楽しむ気持ちが「世界の丸山」へ押し上げた一番の要因といっても過言ではありません。

その丸山プロが一時、楽しさを感じられなかったのです。気持ちが入っていなければ、ショットは飛ばないし、アプローチも寄らない。パットも入りません。当然成績も振るわなくなります。ところが二〇〇二年二月のニッサンオープンで予選落ちした後、米ツアーに参戦し始めたころのビデオを見て、彼は気づいたそうです。参戦し始めのころは子供時代からの夢だった米ツアーで戦える喜びを、素直に全身で表していたのです。

「もっとゴルフは楽しかったはず。最近はなんでゴルフを楽しんでいないんだろう。スコアが悪いからといってクラブをたたきつけていたのでは、自分も楽しくないし、ギャラリーもつまらない」

そう気づき、楽しさを思い出してから、ミスをしても怒らず、ゴルフを楽しみながらプレーすることを心がけたといいます。

その結果が次週のツーソンオープンで通算16アンダーの6位タイと表れ、苦手なプレーヤーズ選手権でも自身初の60台を出して予選ラウンドを通過。そして四月のマスターズ最終日のベストスコアや五月のバイロン・ネルソン・クラシック優勝へとつながっていきました。楽しむ気持ちが、戦うエネルギー源となったのです。

私はこれまでプロゴルファーを目指しながら挫折した人を数多く見てきています。成功した人より、失敗した人のほうが十倍くらい多いと思います。挫折した人に共通しているのは、「ゴルフが一番好き」ということではないことです。ギャンブルに夢中になったり、酒におぼれたりと、プライベートのところでゴルフ以外のことに熱心になっています。仮にプロゴルファーになれたとしても二十年、三十年と一番の情熱をゴルフに捧げられない人は大成しないで終わってしまいます。

ジュニアがスコアを改ざんしたりするのは、周りの教え方や環境が悪いのです。その子を責めてはいけません。結果にこだわ

↑ジュニアへの指導は、ゴルフの楽しさを教えることが一番大切

りすぎる指導者や親の責任が大きいと思います。スコア優先主義が子供からゴルフを楽しむ心を奪っています。子供を大人の欲望や見栄の犠牲者にしてはいけません。丸山プロの父親護氏はジュニア時代の丸山プロの調子が悪いとき、「お前は行ける。大丈夫だ」と励ましたり褒め続けて、ゴルフの楽しさをいつも感じさせていました。ゴルフをずっと好きで来られたことが、現在の丸山プロの姿になっています。

ジュニアトップの伊藤涼太君にしても、これからいろいろな紆余曲折があると思います。挫折しかかる時期があるかもしれません。そのようなとき家族の者やコーチである私が親身になって励まし、楽しくゴルフをさせることが一番大切なことだと思っています。

おわりに

世界に通用する選手を育てたい

タイガー・ウッズは子供時代から各段階に応じてインストラクターに教わってきました。二〇〇二年の米ツアー、ミケロブ選手権を二十三歳で制したチャールズ・ハウエルは十歳から、世界的に有名なデービッド・レッドベターに指導を受けています。タイ・トライオンは現役高校生プロです。男女とも若手が次々と育ってきています。

米国では子供がゴルフをインストラクターに教わることは珍しくありません。ゴルフを習うということが普通の生活に溶け込んでいます。教える側、教わる側のどちらにも、しっかりとした指導の必要性が認識されています。それだけに指導体制は整い、系統立てて練習できる環境にあります。優れた才能を持つジュニアを発掘し、育てるプログラムが充実しています。

日本のアマチュアはインストラクターに教わることにあまり慣れていない風潮があります。ハンディ30の人がハンディ36の人に教えるのが現実の姿です。しかし、理論の裏付けもなく、相手のゴルフライフも知らずに教えることは非常に危険です。教える側の自己満足でしかありません。いわゆる「教え魔」は世の中から消えてほしいと思っています。コースや練習場にそのような類の人たちがあまりにも多いのが現実です。

ツアープロの世界でも、日本はコーチに対する認識がそれほど浸透していませんでした。伊沢利光プロが二〇〇三年から江連忠コーチの指導でスイングを改造したり、横尾要プロがコーチの存在を意識するようになったのは、世界のトッププロの現状を見てからです。高いレベルを目指すには、専属のコーチの存在が必要と痛感したのだと思います。丸山茂樹プロもずっと日本のフィールドにとどまっていたら、私と契約することはなかったのではないでしょうか。

二〇〇一年から二〇〇二年の初めにかけて、丸山プロと日本のプロとの意識のギャップに、私は歯がゆい思いを抱いたことがあります。「日本のプロはどうして丸山プロのような努力をしないのだろう。どうして世界を目指そうとしないのだろう。もっと頑張れば、もう一段上の選手になれるのに」というイライラ感でした。正直にいってそのころの私は、丸山プロのコーチとして世界のトップに触れた直後で、気負いがありました。焦りといってもいいかもしれません。今もまだまだ修業の身ですが、そのころはもっと未熟でした。

人それぞれの夢、それぞれのスタイルがあって当然です。各自のペースというものがあります。急いで世界に出ようとする人もいれば、じっくり力を蓄えてからと思う人もいます。ましてや全員が日本一を目指すわけではないし、世界に羽ばたくことを目標としているわけでもありません。現状に満足しているプロがいたとしても、周りの者が否定できる問題ではありません。その中でツアープロコーチとしてできることは、世界の動きを伝え、目的意識を少しずつでも向上させる手伝いをすることです。様々なプロがいたら、コーチもそれぞれに応じて対処します。コーチに焦りは禁物であることに気づきました。

日本人選手は欧米勢に比べると体力的に劣る弱点があります。だからといって、体のハンディを嘆いていても仕方ありません。私たち日本人は、小兵力士が頭脳的な取り口で巨漢力士のパワーを封じて勝つ相撲をよく見ています。柔道でも目にすることがよくあります。トレーニングによって体を作る作業と並行して、身体能力の高さをあまり必要としないアプローチの技術を磨くなど、ハンディをカバーする手段を見つけて対抗していかなければなりません。そもそも小が大を制する痛快さは、日本人の美学に合っています。「小柄な日本人を世界で活躍させてみせる」という、コーチとしてのプライドをくすぐる要因にもなります。

選手とコーチの間で最も大切なものは信頼関係だと信じています。コーチは選手に信頼され、コーチは選手を信頼することが大事だと思います。それを第一義に選手と接しています。コーチが選手を信じているから、選手はコーチの言うことを信頼して血のにじむような努力をするのだと思います。私が選手を信じないで、どうして選手が私を信じようか。そのためには良いときも悪いときも、徹底した話し合いを心がけています。

火曜日、水曜日の練習日にプロのスイングをチェックするのが私の一般的な日課です。トーナメントが始まる木曜か金曜日には一度、帰京することが多くなります。そしてどんなにスケジュールが詰まっていても、トーナメントの最終日となる日曜日は必ず空けるようにしています。私の指導している選手が優勝したとき、会場へ駆けつけて祝福することはもちろんですが、私を信じてついて来てくれたことに感謝の気持ちを伝えたいからです。多分、ツアープロコーチの仕事をしている限り、日曜日を空ける習慣はずっと続くでしょう。そして毎週日曜日に彼らが優勝争いを展開し、私が応援に駆けつけるようになることを願っています。

○撮影協力　ファイブエイトゴルフクラブ
○協力　ブリヂストンスポーツ株式会社

著者紹介

Naito Yuji

内藤雄士／ないとう・ゆうじ／
1969年生まれ。日本大学ゴルフ部出身。アメリカにゴルフ留学しサンディエゴゴルフアカデミーやデーブペルツショートゲームスクールなどで最新ゴルフ理論を学ぶ。2001年には、日本人初のＵＳＰＧＡツアープロコーチとしてマスターズ、全米オープン、全米プロのメジャー大会に参加した。現在は丸山茂樹、小達敏昭、平塚哲二、小林正則、矢野東等十数人のプロコーチを務める。ゴルフダイジェスト アワード2003 レッスン・オブ・ザ・イヤー受賞。著書に『SWINGの核心』（新星出版社）、監修書に『ゴルフ上達ＢＯＯＫ』（成美堂出版）がある。

内藤雄士の シンプル ゴルフ

論理がわかればゴルフはやさしい

2003年7月18日1版1刷
2003年8月7日　2刷
著者　内藤雄士

発行者　斎田久夫
発行所　日本経済新聞社
http://www.nikkei.co.jp/
〒100-8066
東京都千代田区大手町1-9-5
電話番号　03-3270-0251
振替番号　00130-7-555
装丁・本文デザイン　岡本一宣デザイン事務所
カバー写真　大森義泰
本文DTP　鱒工房
本文写真　小林滋、多田征樹
印刷　奥村印刷
製本　大口製本
ISBN4-532-16443-5

The Simple Golf